KB267930

천당과 지옥은
번지수가 없다

천당과 지옥은 번지수가 없다

초판 1쇄 인쇄   2013년 12월 18일
초판 1쇄 발행   2013년 12월 21일

지은이   김진태
펴낸이   이은주
펴낸곳   동숭동
책임편집   사기순
디자인   남미영
기획편집팀   사기순, 김언한
영업관리팀   이승순, 공진희

출판등록   1993년 5월 14일 제1-1518호
주소   서울 종로구 수송동 58번지 두산위브파빌리온 1131호
전화   02-732-2403, 2404
팩스   02-739-7565
홈페이지   www.minjoksa.org
페이스북   www.facebook.com/minjoksa
이메일   minjoksabook@naver.com

ⓒ 김진태

ISBN 978-89-7737-026-5   03220

● 책 값은 뒤표지에 있습니다. 저작관법에 의하여 보호를 받는 저작물이므로
  무단으로 복사, 전재하거나 변형하여 사용할 수 없습니다.

천당과
지옥은
번지수가
없다

김진태 지음

도서출판
동숭동

차례

• 책을 펴내면서

1장 불교적 소양에서 본 인생살이

• 어차피 홀로 왔다가 홀로 가는 세상이다 16

• 중생들은 자기 자신을 드러내지 못해서 환장한 존재들이다 19

• 너무 많이 먹고 마시고 쓰는 것도 큰 죄악이다 21

• 오래 살 수 있는 자격 24

• 몸투정을 들어주는 일에 일생을 바친다 28

• 에고(ego) 문상(問喪) 31

• 모두 다르다 34

• 불교에서 말하는 평등은 '그들의 평등'이 아니라 '나의 평등'이다 38

• 다른 동물들도 고향이 있고 가족과 친지들이 있다 41

2장 성자들의 가르침을 다시 생각해 본다

- 자기 자신을 아는 방법 46

- 진정한 효도 49

- 본래 원수는 없다 52

- 원수조차도 사랑할 수 있는 방법 : 메따관 58

3장 불교의 밖을 통해 배우기

- 천당과 지옥은 번지수가 없다 64

- 천국의 문 68

- 천국 백성의 조건 71

- 세상과 인간을 보는 견해들 74

- 종교 없이도 세간의 행복은 얼마든지 누릴 수 있다 81

4장 고해(苦海) 들여다보기

- 중생 업력(業力)의 법칙 84

- 욕망이 자꾸 커져만 가는 이유 87

- 가난과 질병의 고통도 우주의 경고 메시지이다 94

- 고(苦)라는 문제의 해결 방법 97

• 행복감 훈련   102

5장 불교계와 지계(持戒)의 중요성

• '불교 정화'가 아니고, '불교계 정화'라고 해야 한다   106

• 비구와 비구니의 목숨은 오직 '불음계(不淫戒)' 하나이다   116

• 중생들은 음욕(淫欲, 性欲)의 열매이자 씨앗이다   118

• 마왕 파순의 전략과 전술   121

6장 불교와 불자

• 절[寺]은 불법(佛法)을 가르치는 학교이다   126

• 붓다 45년간 설법(說法)의 정수   130

• 불자(佛子)의 종류   134

• 국자 불자(佛子)와 혀[舌] 불자   137

• 불교의 교과서는 자기의 몸과 마음이다   142

• 번뇌의 뿌리   145

• 탐(貪)·진(瞋)·치(癡)의 개념 정립에 대한 새로운 시도   148

• 중생(衆生)과 성인(聖人)의 다른 점   151

• 깨달음의 필요조건과 충분조건   155

7장 중요한 게송들

- 무상게(無常偈)   160

- 탄생게(誕生偈)   165

- 마지막 유훈(遺訓)   168

8장 에필로그

- 이 책을 쓰게 된 계기(1)   172

- 이 책을 쓰게 된 계기(2)   174

- 용어풀이   178

　이 책은 무엇보다 다음 생(生)의 나 자신을 위해서 쓴다. 다음 생에서는 절대로 금생(今生)처럼 이 땅에서와 같이 너무 헛고생을 많이 하면서 힘들게 불교 공부를 하고 싶지 않기 때문이다.

　3, 40대(代)에는 까마득했는데 50대를 훌쩍 지나 60의 문턱에 들어서고 보니 내 나이 같지가 않아 이상하다. 아무리 장수시대(長壽時代)라고 하지만 나이 70이 되고 나면 대문 밖에 항상 저승사자가 왔다 갔다 하는 것이므로, 언제든지 부르면 번개같이 달려가야지 안 가려고 버티다가는 얻어터지며 끌려가야 한다니 미리 그때의 준비도 단단히 좀 해 둘 일이다. 그래서 나이가 70이 넘으면 덤으로 봐야지 꼭 살아야만 되는 시간으로 생각해서는 안 된다고 한다. 이 세상에 올 때는 순서가 있는 것 같지만 갈 때는 결코 그렇지 않으

므로, 죽음[死]을 남의 일 보듯 강 건너 불 보듯 해서는 안 되겠다.

이 책은 내가 그동안 보고 듣고 배우고 느끼고 생각한 것들을 정리하여 엮은 것이다. 많은 얘기들이 책에서 보거나 길고 짧은 글들에서 읽은 것, 그리고 여러 스님들의 법문(法門)과 여러 지인(知人)들과의 대화중에 내게 와 닿은 내용들로서 그분들의 표현을 많이 빌려서 썼다. 많은 분들의 법문과 책과 글, 그리고 아는 분들과의 대화 내용에다 살을 붙이고 수정과 교정을 거듭하면서 다듬은 것들이다. 그런 점에서 내가 창조한 글이라기보다는 내가 소화한 글들이라고 보는 게 맞겠다.

요사이 대다수의 사람들이 긴 글은 아예 읽지를 않고, 어려운 글은 읽을 엄두도 안 낸다고 하니 내 나름대로 간략하고 최대한 쉽게 써보려고 안간힘을 썼다. 자기의 생각이나 어떤 신앙체계에도 갇히지 말고, 또한 자기가 소속된 단체나 개인의 이익만을 위하는 그런 편견을 걷어내고 읽어주셨으면 한다. 이 책의 많은 얘기들이 여러 사람들에게 쓴 소리로 들릴지 모르겠으나, 나로서는 옳은 말이라고 오랫동안 생각해 오던 것들을 글로 옮겼다. 길게 보면 그분들에게도 결국 도움이 될 수 있는 내용이기에 책으로 펴낼 용기를 냈다. 당장은 개인적으로 기분이 상하는 구절이 있더라도 넓은 아량으로 품어 주셨으면 좋겠다.

이 책의 내용들은 주로 붓다[석가모니 부처님]의 가르침을 바탕으로 하여 전개된다. 그리고 아짠 문 선사·아짠 차 선사·마하시 사야도·달라이 라마 성하·틱낫한 큰스님·파욱 사야도·우 조띠까 사야도의 법문집(法門集)들도 참고를 많이 했다. 특히 우 에인다까 사야도의 위빠사나(vipassana) 수행지도와 법문을 통해 참으로 배운 게 많고 몇 가지의 글들은 그분의 법문을 토대로 하여 쓴 것이다.

혜송 스님의 수행 점검의 통역(通譯)과 가르침 및 수행에 대한 조언도 크게 도움이 되었다. 사마타(samatha) 수행과 관련해서는 평등 스님의 도움을 많이 받았다. 또한 아재가 되시는 김종호 선생님의 수행에 대한 소중한 말씀들은 여러 글들에 그대로 반영되어 있고, 법우(法友)인 박인성 교수와의 대화에서 배우고 느낀 내용들도 많은 글에 그대로 스며들어 있다. 지금까지 언급한 분들에게 영향을 입은 바가 크기 때문에 다시 한 번 이 자리를 빌려 크게 감사의 인사를 드린다.

　이미 고인(故人)이 되셨지만, 불교의 바른 길을 가르쳐 주신 휴정 선생님과 불교의 길로 인도해 주신 철웅 큰스님께도 머리 숙여 감사를 드린다. 또 돌아가셨지만 생각나는 분이 계신다. 내게 겸손함의 미덕을 일깨워주신 분으로 찾아 뵙고 삼배(三拜)를 하면 같이 맞 삼배를 하시던 청화 큰스님의 겸허하신 모습을 잊을 수가 없다. 그래서 나는 거사계(居士戒)를 계행(戒行)이 청정하시던 그분께 받았다. 감화를 입은 바가 커서 지금도 먼발치에서라도 참으로 보고 싶은 분이다.

　항상 주위에서 힘이 되어주고 용기를 주시는 혜문 스님과 반야심 누님께도 감사의 말씀을 드린다. 예전에도 그랬지만 내가 좀 살겠다고 하면 항상 방을 마련해 주시고 여러 가지 배려를 아끼지 않는 도일 스님에게도 감사한 마음을 전한다. 내가 경제적으로 아주 힘들어 할 때 도움을 준 정용섭 거사와 신성조 거사 그리고 김태식 거사에게도 감사를 드린다. 그리고 오랫동안 많은 애기를 나눠 오면서 이 책 글들의 주제를 잡는 데 도움을 준 이진구 거사·최필식 거사·민병기 거사·백도근 선생, 그리고 김성철 교수께도 감사를 드린다. 나아가 참으로 오랫동안 내가 할 일을 대신해서 어머니의 병구완에 애쓰고 있는 나의 사랑하는 동생 미선이와 재홍이에게도 이 자리를 빌려 고마움을 전한다. 무엇보다도 경제적 무능과 세상 물정을 잘 모르는 나 때문에 오랜 세월 고생이 많은 우리 식구들에게는 미안한 마음 금할 길이 없다.

이 책을 쓰면서 내 생각들을 정리하고 표현하는데, 내가 그동안 보아온 책과 글들에서 잘 정리되고 표현된 문장들을 적게는 한두 줄 많게는 너댓 줄씩을 손질하여 여러 곳에서 사용했지만, 하나하나 주(註)를 달고 언급을 하지 못한 점을 저자와 필자 분들에게 널리 양해를 구한다. 내가 하고 싶은 애기들을 최대한 잘 전달하고자 하는 의도에서 그렇게 되었다. 한 분의 책이나 글에서 두 번 이상 사용한 경우는 거의 없으므로 충분히 이해해 주시리라 믿는다. 그리고 이 책을 쓰는 내내 우려되는 점이 있었다. 하늘을 두고 맹세하지만, 현생 인류 중에서 내가 가장 존경하는 분은 부처님과 예수님이시다.

아무쪼록 삶을 아주 아름답게 꾸려 가시는 청정한 스님·신부님·수녀님, 그리고 항상 그늘진 곳에서 묵묵히 목자의 길에 최선을 다하고 계시는 가난한 교회의 목사님들과 같은 작은 영웅이신 분들께는 이 책의 내용에 대해 추호의 오해도 없으시기를 간절히 빈다.

마지막으로 구체적으로 나타내진 못했지만 이 책과 관련되는 모든 인연들, 특히 이 책을 출판해 준 민족사 윤창화 대표와 정성들여 편집해 준 사기순 주간에게 감사를 드린다. 부디 이 책을 읽는 독자들이 안목이 열리고, 시야가 넓어지며, 사유가 깊어지고, 사고가 높아지며, 꿈이 커지기를 기대하면서, 모두 모두 오래 오래 위험과 해악(害惡)이 없이 항상 건강과 행복이 함께 하시기를 두 손 모아 기원하는 바이다.

2013년 8월 21일, 지구별 어느 한 모퉁이에서
글쓴이 대현(大玄, Sobhana) 손 모음

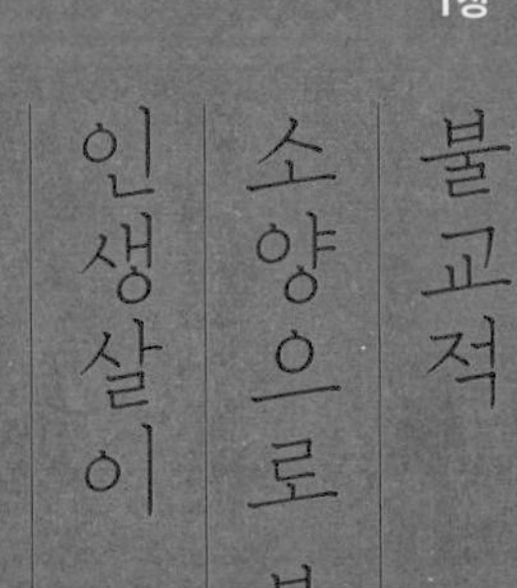

1장

불교적 소양으로 본 인생살이

어차피 홀로 왔다가
홀로 가는 세상이다

중생들은 모두 다르게 왔다가 다르게 간다. 업력(業力)이 서로 다르기 때문이다. 어차피 각자 몸도 다르고 마음도 다른 존재들이다. 일란성 쌍생아라 해서 똑같이 오는 것도 아니고, 그들이 어떤 사고(事故)로 동시에 죽는다고 해서 같이 가는 것도 아니다. A의 코로 B가 숨을 쉴 수 없고, B가 밥을 먹는다고 A의 배가 불러지는 것도 아니다. A 대신에 B가 죽을 수도 없고, B가 죽을 때 A가 죽음 길을 동행할 수도 없다. 탄생과 죽음은 그 누구도 대신할 수 없다.

이와 같이 인간은 무척 외로운 존재이다. 하루 아니 평생 동안 수많은 사람들과 만나더라도 그 '홀로'인 삶이 달라지는 것은 아니다. 외로움을 달래고자 사람들 속으로 뛰어들고, 오락·게임·놀이·스포츠·도박·마약·술·여행 나아가 이성(異性)·일·신앙 등에 빠져보지만, 결국 그것들은 외로움의 망각이나 도피에 불과해서 지나고 나면 돈과 시간에 의한 상실감과 세상과 인간에 대한 허무함만이 남는다.

인간의 외로움에도 이미 탐욕이 깃들어 있어서 사람들은 욕망을 채울 또 다른 대상들을 찾아 헤매고, 허무(虛無)는 무상(無常)의 병적(病的)인 형태로서 그 안에 이미 욕망이 자리 잡고 있기에, 욕망의 충족을 통해 위로 받고자 집착하지만 또 다시 공허함과 괴로움을 맛보게 될 뿐이다. 그래서 우리는 홀로 있을 줄 알아야 한다. 홀로 있는 법을 배워야 한다. 그래야 외로운 세상에서도 행복할 수가 있다.

알고 보면 모두가 혼자이다. 그래서 세상에는 마음이 아파서 위안을 받으려는 자들로 넘쳐난다. 그러나 궁극적으로 자신을 지켜줄 존재는 결국 자기 자신이다. 그러므로 수행을 통해 욕망 그 자체를 다스리지 않는 한 외로움과 허무의 문제는 결코 해결되지 않는다. 탐욕과 집착을 조건으로 해서는 고통이라는 결과만 있게 될 뿐인 것이다.

외로운 사람끼리는 서로 사랑해야 된다. 그래야 조금이

나마 서로 위안을 받을 수 있다. 그러나 이 또한 진정한 해결 방법은 아니다. 사랑이 영원한 것이 아니기 때문이다. 외로움에 대해서도 수행을 통한 진정한 깨달음을 얻는 길 이외에 달리 완전한 해결 방법이 없다. 자기가 의지할 수 있는 그러한 능력을 갖춘 자기 자신을 만들어 가는 방법밖에 무슨 다른 길이 있겠는가?

세상에 내 것이란 없다. 이 세상을 떠날 때는 부인도 남편도 자식도 돈도 명예도 그 무엇도 가져갈 수 없다. 그 동안 잘 먹이고 잘 입히고 애지중지하던 이 몸조차도 가지고 갈 수는 없다. 이 몸을 가지고서는 이 세상을 빠져 나갈 수가 없기 때문이다. 결국 내 몸도 내 것이 아니어서 다 버리고 떠나야 한다. 빈손으로 왔다가 빈손으로 떠나야 하는 것이다.

손이야 빈손으로 왔다가 빈손으로 떠나게 되지만, 그러나 반드시 가지고 갈 수밖에 없는 게 있다. 업력(業力)만은 꼭 가지고 가게 되는데, 깨달음을 얻기 전에는 결코 업력을 버리고 갈 수가 없기 때문이다. 이왕 가져갈 수밖에 없는 업력이라면 선업(善業)이라야 하겠다. 그래야만 미래에 좋은 과보를 받을 수 있게 된다. 그래서 남에게 베풀며 잘 살아야 한다는 것이다.

중생들은 자기 자신을 드러내지 못해 환장한 존재들이다

중생들은 거의 누구나 많이 아는 체하고 잘난 체하기 좋아한다. 그래서 말들이 많다. 항상 튀고 싶어 하고 남들 앞에서 자기를 드러내지 못해서 안달이다. 자기가 살아 있다는 스스로의 존재감을 자주자주 확인하기에 여념이 없고, 그것이 지나쳐 눈물겹기까지 하다. 허영심으로 꽉 차서 자기 몸을 많은 명품(名品)들로 치장하고서는 자기 자신이 명품이 된 줄 착각하며 살아간다. 그리하여 죽어서도 보석이 박힌 황금관(黃金冠)을 쓰고 황금으로 된 관(棺)에 눕고 싶어 한다.

사실, 죽고 나서 빈소에 조화(弔花)가 하나도 없으면 또

어떠한가? 자기 나름대로 좋은 인생관과 철학을 가지고 자기의 일을 열심히 하면서 떳떳하게 살다 가면 되는 것 아닌가? 조화의 숫자가 그 인생의 총결산이나 종합점수가 되는 것도 아니고, 그것에 따라 다음 생의 좋고 나쁨이 결정되는 것도 결코 아니다.

세상을 마주하여 경건하고, 삶에 대해 겸허해야 한다. 부귀한 자들을 시기하거나 질투할 필요도 없지만, 부러워하거나 그들에게 기죽을 이유도 전혀 없다.

각자가 지은 업대로 과보를 받으며 살아가는 것이다. 전생에 지은 공덕이 없어 타고난 것이 좀 박복해도 마음 편하게 소욕지족하며 살 수 있으면 그게 제일 행복한 삶이다. 나이가 들수록 허세(虛勢)를 버리고, 바깥의 탐욕의 대상을 따라다니지 않고서 내면의 이야기를 할 수 있어야 행복해진다. 나이만 먹는 철부지 노인이 되지 말고, 자신을 성찰하면서 세상일에 의연한 어른이 되어야 한다. 초라하게 주위사람들의 눈치를 보며 불안해하거나 위축되지 말고, 스스로 진실하고 당당하게 최대한 밥값이나 잘하고 조용히 살다 가면 되는 것이다. 물론 남들을 도울 수 있으면 더 할 나위 없이 좋은 일이다.

너무 많이 먹고 마시고 쓰는 것도 큰 죄악이다

음식물과 음료수 등을 먹고 마셔서 그것들이 아주 없어져 버린다면, 지구는 벌써 오래 전에 이 우주에서 사라졌을 것이다. 그것들이 다른 모습으로 변화해서 존재하게 되고 끊임없이 순환하기에, 그것들을 다시 다른 동·식물들이 섭취하면서 생명을 이어갈 수 있게 되는 것이다. 이처럼 이 세상에 버려지는 것은 아무것도 없다. 또다시 다른 것의 먹이가 된다. 그러므로 이 세상은 모든 존재들이 삶을 시작하는 곳이자 마치는 곳이다. 누구든지 언제 어디에서나 이 세상의 모든 것들을 잘 사용해야 하는 것이다.

그런데 오늘날 인간들은 몸의 크기에 비해 너무 많이 먹고, 너무 많이 마시고, 너무 많이 사용해 댄다. 먹고 마시는 쾌락의 유혹을 잠재우지 못하고 늘 그러한 욕망에 놀아난다. 또한 너무 많이 먹고 마셔서 살이 피둥피둥 찌고서는 도로 그 살을 뺀다고 난리법석이다. 지구상의 많은 국가들에서 다이어트가 종교가 된 지도 제법 오래 되었다.

자기의 돈을 주고 들어갔더라도 목욕탕에서 물을 너무 많이 낭비하는 것은 복(福)을 까먹는 짓이다. 자기 돈을 주고 사게 된 종이 한 장이라도 아껴 써야지 아무 생각 없이 헛되이 사용하는 것은 악업, 곧 나쁜 짓이 된다. 물을 크게 오염시키고, 나무를 많이 남벌하는 것은 모두에게 좋지 않은 일이기 때문이다. 인간도 자연의 일부이므로, 자연을 정복한다는 것은 어불성설이며 결국 인간들의 자살행위가 될 수 있다. 지구는 절대로 인간들만의 것이 아니다. 잘 살아남으려면 자연의 섭리를 따르면서 생명의 조화와 위대함을 생각하고, 다른 존재들에 대한 배려를 잊지 말아야 하는 것이다.

지금 이 순간도 남들의 희생으로 내가 살아가고 있다. 마구 죽이고 많이 먹고 쓰게 되었다고 하나님께 감사할 일이 아니라, 자기가 먹어치운 동·식물들에게 죄송하다고 참회하면서 용서의 기도를 올릴 일이다. 내가 하루를 살려고 그렇게 많은 생명체들을 죽여야 하니, 그게 사는 것이 낭패라면 낭패이고, "사람의 몸을 받기가 아주 어렵다〔人身難得〕"고 하신 붓다 말씀의 이유가 된다. 자기 돈이라도 잘 써야 선업(善業)이 되지 잘못 쓰게 되면 악업(惡業)이 되고 장차 괴로운 과보가 어김없이 자신을 기다리게 된다. 돈은 자기의 공덕이 변한 것이다. 돈을 쓰는 것은 곧 공덕의 저금통장에서 공덕을 찾아 써버리는 것이다. 그러므로 되도록이면 일상에서 악행(惡行)을 최대한 자제하고, 꼬박꼬박 저금을 하듯이 공덕을 쌓아가는 삶이 되어야 한다.

인간의 탐욕이 다른 생명체들에게는 가장 큰 재앙이 되고 있다. 그리고 인간들이 다른 생명체들을 너무 많이 잡아먹고 죽이고 괴롭게 하면서, 생태계를 교란시키는 행위의 과보는 곧바로 인간들에게도 재앙으로 돌아오게 되어 있다. 자연의 이치가 그렇지 않은가?

그러므로 인간들이 지구를 오염시키는 '똥·오줌을 만드는 기계'가 되는 것은 인간들만의 축복이 아니라 인간과 자연, 서로에게 크나큰 불행이 된다. 악업을 짓거나 공덕을 너무 펑펑 써버리는 짓들이기에.

오래 살 수 있는 자격

　사람 그 자체가 존귀한 존재이기에 사람을 평가하고 나
눈다는 게 바람직한 일은 아니다. 하지만 굳이 분류해 보자
면, 사람의 부류에는 이 세상에 와도 그만 안 와도 그만인
사람이 있고, 서로를 위해 차라리 오지 말았어야 될 사람도
있으며, 반드시 꼭 와야 될 사람도 있다. 그 중에서 와도 그
만 안 와도 그만인 사람들이 대부분인데, 이 지구상에 인종
을 계속 이어가는 데는 보탬이 될 뿐, 그 이상의 의미는 별
로 없는 부류들이다. 가치적으로 보자면 그렇게 사는 것은
만년(萬年)을 살아봐도 그 모양에서 벗어나지 못할 것이므
로, 그런 부류의 사람들이 오래 사는 것은 별 의미가 없다.

그리고 오히려 오지 말았어야 될 사람들도 제법 있는데, 본인도 힘들게 하고 주위의 사람들을 못 살게 괴롭히는 부류로서 불쌍하지만 아주 몹쓸 고약한 사람들이다. 이러한 사람들이 장수(長壽)를 하는 것은 자신과 남들에게 모두 불행이 된다.

그런데 안타깝게도 이 세상에 꼭 와야 될 사람은 아주 적다. 남들을 위해 사는 위인들로서 모두에게 이익이 되는 그러한 부류의 사람들이다. 오래 살 수 있는 자격이 있는 분들이며, 오래 사실수록 많은 이들의 가치적인 삶과 행복에 크나큰 도움이 된다.

늙어서도 건강하고 독서를 할 수 있으며 수행력을 갖추어서 의연하게 홀로 있을 수 있다면 오래 사는 것이 축복이다. 그런데 그럴 수 없다면 오래 사는 것이 축복이 아니라 저주일 수 있다. 나이가 들면서부터는 더더욱 좋은 생활습관을 몸에 배이게 하여 육체가 건강하고, 욕심에 찌든 마음을 버리고, 자연의 아름다움을 닮은 선량한 마음을 만들어두고서, 고독과 결핍의 불안으로부터 벗어나야 행복할 수 있다. 우주의 이치에 순응하고 자연과 교감하면서 인간의 욕망을 내려놓게 되면, 큰 자유와 평화를 누릴 수 있다. 그리고 무엇보다도 먼저 '지금 여기'를 살아야 한다. 또한 머지않아 다가올 죽음이 항상 도사리고 있다는 것을 깨닫고 있어야 한다.

이 세상에 사람의 몸을 받고 태어나서 계속해서 똥과 오줌이나 만들면서 이 세상을 오염시키는 밥벌레로 살다가 가서는 안 된다. 이웃을 생각하는 사람이 되고, 남들에게 도움을 주는 사람이 되어야 한다. 모든 생명체들은 우리의 삶을 돕는 존재들이다. 우리는 다른 생명체에 의지하며 살아가고 있다. 또한 자연도 잠시 빌려서 쓰는 것일 뿐이다. 혼자 사는 세상도 아니고, 우리들만 살다가 갈 세상도 아니다. 그러므로 바로 여기에서 지금 이 순간을 참으로 잘 살아야 한다. 과거는 현재에 있고, 미래도 현재에 있다. 삶속에서 항상 과거와 현재와 미래는 공존한다. 과거의 삶이 오늘의 나를 있게 했고, 현재 일상의 생각과 말과 행위가 미래의 자기를 만들어 간다.

몸 투정을 들어주는 일에
일생을 바친다

이 세상의 모든 음식을 먹어 본다고 해서 식욕(食欲)이 완전히 충족되지도 않고, 이 세계의 모든 남자나 여자와 잠자리를 한다고 해서 성욕(性欲)이 완전히 만족되는 일도 없다. 인간의 욕망은 끝이 없어 영원히 완전하게 충족되지는 않는다.

그리고 모든 욕망의 대상은 거의 바깥에 있기 때문에 몸의 감각기관들은 모두 밖을 향해 열려 있다. 이러한 감각기관들은 외부의 자극을 인식하고 정보를 받아들이는 통로이다. 자신의 생존을 위해 바깥의 음식과 공기를 취하고 밖에 있는 적들로부터 위험과 해악을 피하며, 자기의 종족 보존을 위해 바깥에 있는 배우자 등의 대상을 통해 욕망을 충족시키기 위해서다. 몸의 감각기관들이 욕망의 대상을 취해 일시적이나마 욕망을 충족하면서, 그러한 삶을 계속해서 되풀이하는 것이다.

이와 같이 인간을 포함한 거의 모든 중생들이 그러한 감관(感官)을 통한 몸의 투정을 들어주는 데 전 생애를 보낸다. 그런데 그렇게 살면서도 대부분 그런 줄조차도 모른다. 큰 부자가 되고자 하고, 지위가 높은 관료가 되고자 하고, 인기 있고 유명한 스타가 되고자 하고, 기꺼이 월급을 많이 주는 대기업의 머슴이 되고자 하는 것도 쉽게 욕망을 충족시키며 몸 투정을 들어주기에 안전하고 유리하기 때문이다.

대부분의 사람들이 그 동안 몸 투정을 들어주느라 허둥댔지, 몸이 아닌 마음을 위해서 한 일이 무엇이 있는가?

생각해 보라. 과연 정신적 향상과 발전을 위해 노력하고 있는가? 욕망 충족을 위해 동분서주하는가? 몸 투정을 들어주는 일에 전심전력을 다한다는 것은 결국 육체적 욕망의 노예로 전락된다는 말과 다르지 않다. 이와 같이 대부분의 인간들은 애욕이 빚어내는 육체적 환희를 탐닉하는 충동의 노예들이다. 중생들의 일생은 감각기관[五根]의 놀음이자

놀아남일 뿐, 그 오욕락(五欲樂)의 늪에서 거의 빠져나오지
못한다.

이러한 오욕락의 늪에서 빠져나와 욕망을 꺾고 자기가
자신의 주인이 되게 하는 일이 수행인데, 수행도 인연(因緣)
을 지어야 만날 수 있고 또 계속할 수 있다. 수행의 내용은
감각의 문을 잘 단속하여 몸 투정을 그대로 받아주지 않고
몸과 마음을 잘 관리하는 것이다. 그래야만 자기 자신에게
진정한 자유와 평화가 자리를 잡게 된다. 말하자면 수행은
응석받이가 된 몸과 마음을 잘 길들이는 일이고, 진정한 행
복으로 가는 길이다.

초상집에 간 자신을 생각해 보라. 초상집에 가서도 자기
가 안 죽어서 다행이라고 안도의 한숨을 쉰다. 또한 다가올
자신의 죽음에 비추어 동정심으로 슬퍼하는 것이다. 무의식
(無意識, 深層心理)의 세계에서는 그게 진실이고 죽은 자에
대한 애도는 거짓이다. 모두가 자기 위주로, 에고(ego) 중심
으로 살아간다.

이처럼 상가(喪家)에서도 자기의 죽음을 두려워하고, 결
국 자기의 죽음 앞에서 자신을 위해 운다. 죽은 자에 대한
죄책감이나 안타까움으로 운다고 해도 그 또한 일차적으로
는 자기 자신을 위해 우는 것이다. 그러한 생각조차 하기 싫

겠지만 그게 사실이고, 그런 존재가 중생이다. 생사윤회(生死輪廻)의 시작은 대개 울음으로 시작해서 눈물로써 마무리되고는 한다. 우리 모두가 알다시피 태어날 때는 본인이 울고, 죽을 때는 남들이 눈물짓는다. 생사윤회를 반드시 끝내야 할 이유이다.

이제부터는 남의 죽음과 자기 육체의 죽음 앞에서가 아니고, 자기의 에고를 애도할 수 있어야 한다. 자기 에고의 죽음 앞에 문상(問喪)을 할 수 있게 되어야 한다. 다시 말해 육체적으로 젖을 떼는 제1 이유기(離乳期)를 지나고, 정신적으로도 젖을 떼는 제2 이유기를 지나, 에고이즘(egoism)을 졸업하는 제3 이유기까지 넘어서야 하는 것이다.

저 산의 붉게 물든 단풍은 아름답게 보이지만, 자기의 머리카락이 희게 물드는 것은 아름답게 보일 리 없다. 그러나 우주의 이치로 보자면 두 경우가 조금도 다르지 않다. 너무나 무상(無常)을 잘 보여주고 있다. 세간을 초월할 수 있는 좋은 기회이건만 에고가 그 길을 꽉 막고 있다.

중생들은 머리와 가슴에 자〔尺〕나 저울이 너무 많아서 불행하다. 항상 끊임없는 계산으로 잠시라도 마음이 고요할 날이 없다. 그리하여 자기들에게 이익이 되는 것이면, 무슨 짓이든지 하려 든다. 그들의 삶의 목표와 목적은 향락을 추구하는 것이지만, 오욕락의 충족만을 지향하는 것은 "언 발에 오줌 누기"와 같은 꼴이라서 끝이 나지 않는다. 그들이 끝없이 생사윤회를 되풀이 할 수밖에 없는 이유이다.

이러한 중생들은 끊임없는 자기 보존의 욕구 때문에 깨닫기가 참으로 어렵다. 불교 수행은 나를 알아가는 과정이며, 남과 교류하는 과정이다. 수행은 아름다운 길이고, 잘 살고자 함이다. 항상 희망을 갖고 날마다 새롭고 즐거운 나날이 되어야 한다. 일상의 삶을 축제처럼 살아가는 여유를 가져야 한다. 적어도 완전한 해탈에 들기 전까지는 활발발하고 생동감 넘치는 삶을 살아야 하는 것이다. 그런데 이 모두가 이기적 에고를 극복해야 가능한 일들이다.

모두 다르다

　육도(六道)에 윤회하는 중생들은 각자각자 너무 다르다. 물론 성인(聖人)들도 서로 다르다. 그래서 성인들에게도 계위(階位)가 있다. 같은 부모에게서 태어난 형제자매들도 개개인이 모두 다르기에 서로 다른 삶을 살아간다.

　사람뿐만 아니라 한 어미에게서 같은 시기에 태어난 여러 마리의 강아지들도 모두 운명이 다르다. 절집으로 간 강아지는 수명대로 살 가능성이 높고, 개를 무척 사랑하는 집에 간 강아지는 고기가 들어 있는 음식을 먹으며 옷도 입고 양말도 신고 침대에서 주인과 함께 자면서 살게 될 테고, 운명이 기구망측하여 보신탕을 좋아하는 주인을 만난 강아지는 복(伏)날이 다가오면 잠을 설치게 될 것이다. 하다못해 지렁이와 같이 '자웅동체(雌雄同體)'라도 그들의 삶은 다르다. 다만 서로 다를 뿐이지 누가 틀린 것은 아니다.

초가집 지붕 위의 박도 그 크기가 모두 다르다. 그러나 주위의 작은 박들을 우습게 보는 것은 부끄러워해야 할 일임을 알아야 한다. 자만심은 악업(惡業)을 불러오는데, 다가올 과보가 두렵게 된다. 미래는 밤길처럼 보이지 않아 알 수가 없기에 더욱 무서운 것이다. 바로 무지(無知)가 고통의 원인이 되는 것이며, 이와 같은 인과응보가 분명하기 때문에 지은 업에 따라 각자의 삶이 서로 차이가 나는 것이다. 자기 자신을 위해서라도 남을 무시(無視)하면 안 된다. 그것은 그대로 악업이 되기 때문이다.

그리고 이러한 개체들 사이의 다름만 있는 게 아니라, 한 개체 스스로도 언제나 달라져 가고 있는데 그 때 좋게 변해야 발전이 있게 된다. 낙엽이 되어 무상한 게 아니라, 잎은 나뭇가지에 붙어 있을 때부터 이미 무상했다. 이와 같이 잠시도 멈추지 않고 모든 것이 너무나 빠르게 달라져 간다.

서양 속담에 "달걀을 깨지 않으면 오믈렛을 만들 수 없다"고 했다. 껍질을 깨야 병아리도 나온다. 남들과 똑같이 하면서 뛰어난 결과를 기대할 수는 없다. 나 자신이 바뀌어야 세상이 바뀐다. 내 생각이 바뀌어야 나의 운명도 바뀐다. 나쁜 습관을 끊어가고 좋은 습관을 몸에 익혀 스스로 의도적으로 자기 자신을 좋은 방향으로 달라져 가게 하는 것이 바로 수행이다.

전생(前生)에 내가 지은 것을 내가 받고 있다고 생각하면, 좋고 나쁜 모든 것을 수용할 수 있다. 그러나 만약 모든 것이 신(神)이 창조한 것이라면, 위와 같은 차이가 나는 것이 너무나 억울하지 않겠는가?

서로의 차이를 인정하고 서로를 존중하며 사랑하는 것이 일단 중요한 일이다. 인과가 분명하기에 좋은 과보와 자기 자신을 위해서라도 그렇게 사는 게 맞다. 하지만 한 가지 분명한 사실은 신(神)의 은총에 의해 구원을 받는 것이 아니라, 수행을 통해서 얻게 된 반야에 의해 스스로를 구제할 수 있게 된다는 것이다. 그래서 삶의 정답은 수행이 된다.

불교에서 말하는 평등은
'그들의 평등'이 아니라 '나의 평등'이다

사람은 평등하다. 하지만 본질적인 측면에서는 평등하나 현상적으로는 그렇지 않다. 모든 사람들의 삶을 보라. 그들은 평등한가? 그들은 결코 평등할 수가 없다. 전세(前世)와 금생(今生)의 업력(業力)이 달라서 남자와 여자, 건강과 병약, 지능지수의 높고 낮음, 빈부와 귀천, 아름다움과 추함 등 모든 면에서 서로 다를 수밖에 없다.

그러나 내가 불(佛)·보살(菩薩)이 되기 위해서는 재래시장에서 생선을 파는 아줌마나 청와대에 사는 대통령이나 평등하게 보고 평등하게 상대할 수 있어야 한다. 그러기 위해서는 반드시 높은 수행력을 갖추고 있어야만 한다.

모든 사람을 '물질과 마음의 흐름'으로 볼 수 있는 위빠
사나의 지혜를 갖추고, 사람마다 전세의 업에 따라 현세(現
世)에 이렇게 빈부귀천(貧富貴賤) 등의 차이가 난다는 인과
법을 통찰하고서, 평온한 마음으로 누구라도 평등하게 볼
수 있는 사무량심(捨無量心)을 성취하고 있어야 가능한 일
이다.

사물들 사이의 차이를 불평등한 차별과 같은 개념으로
이해해서는 안 된다. 긍정 속의 차이를 보는 불교적인 평등
의 사유는 대등(對等)의 사유가 아니고, 업에 의한 차이이며
중중무진(重重無盡)의 연기관계에 있는 상보적(相補的)인 것
이다. 이와 같은 상호의존성(相互依存性)을 깨달아야 잘못된
분별의 장애를 거두고 생명의 우주적 조화 속으로 들어갈
수 있게 된다.

모든 것이 생멸의 과정 속에서 빈틈없이 서로 의존하고
있고 서로 연결되어 있다. 개체마다 모두가 우주의 중심이
고, 또한 다른 만물과 서로 밀접한 관계에 있는 것이다. 입
술을 다치면 이빨이 시려진다. 두 팔은 한 몸뚱이에 연결되
어 있으므로 서로 무시하거나 싸워서는 안 된다.

모든 사람에게 이성(理性)이 있어서 평등한 게 아니다. 내

가 그들을 평등하게 보고 대할 수 있는 능력을 갖추고 있어야 평등한 세상이 열린다. 〈유식철학(唯識哲學)〉으로 말하면, 제7말나식을 변화시켜 '평등성지(平等性智)'를 얻어야 된다는 말이다.

그러므로 평등한 세상을 만드는 것은 쉽지 않은 일이다. 개개인들이 '나의 평등'을 이루는 만큼 바로 그만큼 평등한 세상은 이루어진다. 아무튼 사람을 평등하게 대하기는 참으로 어렵다. 그래서 수행이 필요한데, 그것은 나의 평등을 이루면서 세상의 평등을 여는 길이기에 누구에게나 그 일은 힘들 수밖에 없다.

다른 동물들도 고향이 있고
가족과 친지가 있다

『세설신어(世說新語)』 출면편(黜免篇)의 단장(斷腸)의 고사를 기억하는가?

중국 진나라의 장수 환온이 촉나라를 정벌하기 위해서 양자강을 따라 삼협(三峽)에 이르렀을 때, 협곡 사이를 뛰어놀던 아기원숭이를 생포하여 항해를 했다. 그런데 어미원숭이가 애타게 울부짖으며 100여 리의 먼 거리를 따라왔고, 이 모습을 기이하게 여겨 정박하자, 어미원숭이가 새끼가 있는 배를 향해 달려왔으나 그 자리에서 피를 토하며 죽고 말았다. 그 원인을 알기 위해 어미원숭이의 배를 갈라보니창자가 다 끊어져 있었다는 고사다. 짐승도 어미의 자식 사랑은 사람 못지않음을 잘 보여주는 이야기다.

사냥이나 수렵, 낚시를 즐기는 사람들을 보면 나는 단장의 고사가 생각난다. 짐승이나 물고기들을 잡게 되면, 잡힌 짐승이나 물고기의 고통은 물론이거니와 그들에게도 할아버지와 할머니가 있고, 아버지와 어머니가 있으며, 삼촌과 이모 그리고 형제자매들이 있을 것이므로 그들의 아픔이 얼마나 클 것인지 불을 보듯 훤한 이치가 아닌가.

또한 우리 불교계의 방생(放生)을 보면 안타까울 때가 많다. 살아있는 생명을 풀어서 놓아주는 방생의 정신은 참으로 소중한 것이다. 우리 불자들은 늘 방생의 정신을 실천하면서 살아야 한다. 하지만 오늘날의 방생을 살펴보면 안타까운 일이 한두 가지가 아니다.

배스라는 수입산 물고기가 없던 곳에 살던 덩치가 작은 물고기를 잡아다가 방생한답시고 배스가 우글거리는 댐 등에다 풀어 놓으면, 배스의 먹이가 되어 방생이 아니라 살생(殺生)하는 일이 되어버린다. 만일 거기서 살아남더라도 가족이나 친지들이 사는 고향에서 강제로 잡아다가 인간들 마음대로 타향에 풀어 놓는 것 또한 좋은 일이 못 된다. 물고기인들 고향을 등지고 이산가족이 되고 싶겠는가 말이다. 힘없고 어리석어 모른다고 해서 함부로 취급하면 안 되는 것이다.

육식도 마찬가지다. 혹여 고기를 안 먹고는 못 산다고 하더라도, 다른 동물들을 잡아서 죽일 때 안 아프게 할 수는 없을까? 어떤 동물인들 고통스럽고 비참한 게 좋겠는가? 입장을 바꿔 생각해 보면 아주 심각하고도 절실한 일들이 많다. 우리들이 깊이 연구하고 생각해서 동물들을 열악하고도 비참한 환경에서 사육되게 해서도 안 되고, 죽일 때에는 아프지 않게 해 줘야 한다.

하나님이 인간을 위해 창조한 것들이라고 해서 함부로 그것도 마구 때려잡아 죽이는 것은 잔인하고도 무자비(無慈悲)한 짓이며, 그러한 악(惡)한 성정(性情)이 인간 쪽으로 향하지 말란 법이 어디 있겠는가? 이러한 점에서 『성경(聖經, 바이블)』은 인간으로 하여금 수많은 살생에 대해 죄책감을 느끼지 못하게 한 과오가 있다. 선량한 소의 눈망울을 보라, 잡아먹는 것이 미안하지 않는가!

생명은 그 누구의 생명이건 소중한 것이다. 파리도 자신의 목숨을 이 우주와도 바꾸고 싶지 않을 것이다. 그들의 희생으로 우리들이 살아가고 있다. 어떤 이유에서건 간에 너무 크고 많은 살생은 큰 죄악임을 잊지 말아야 한다.

2장

성자들의 가르침을 다시 생각해 본다

자기 자신을 아는
방법

　서양의 철인(哲人) 소크라테스는 "너 자신을 알라!"라고 명령적이며 선언적으로 가르침을 폈지만, 정작 자기 자신을 알게 하는 구체적인 방법은 말하지 않았다. 일반적으로 소크라테스의 이 명제를 "자신의 무지(無知)를 자각해야 한다"는 의미로 이해하지만, 더 근원적으로는 "자기 자신에 대한 무지를 자각해야 한다"는 의미로 읽는 것이 좋겠다.

　대부분의 사람들은 자기 자신에 대해 많이 알고 있다고 생각하지만, 결코 그렇지 않다. 그들이 알고 있는 자기 자신에 대한 내용은 지극히 표피적인 것으로 심층적인 것은 거의 모르고 있다. 더욱 안타까운 것은 자기 자신에 대해 모르고 있는 줄조차도 모르고 있다는 사실이다. 모르고 있는 줄이나 알아야 제대로 알 수 있게 될 텐데 말이다.

깊고도 섬세하게 자기 자신을 알게 되는 방법은 불교에 있다. 마음의 눈을 안으로 돌려 자기의 몸과 마음을 관찰하는 위빠사나 수행이 바로 자기 자신을 알게 하는 방법이다. 자기의 몸과 마음이 위빠사나 수행의 주제이며 대상이기 때문에 자기 자신을 깊고도 정확하게 알 수 있게 되는 것이다. 이 수행을 통해 삼매(三昧)가 쌓이면 그 힘에 의해 잠재의식·무의식(無意識) 속의 번뇌와 업력(業力)들이 올라오기 시작하는데, 그것들이 떠올라야 비로소 자기가 그것들을 알 수 있게 되고 또한 번뇌를 지워갈 수 있게 된다.

그리고 수행력이 향상되면 자기를 아는 수준에서 더 나아가 깨달음〔正覺〕을 얻게 되고 염오(染汚)의 자기에서 청정(淸淨)의 자기로 바뀌게 된다. 범부(凡夫)에서 성인(聖人)으로 되는 것인데, 그렇게 되면 자기 자신을 더욱 깊이 있고 섬세하게 보게 되는 것이다. 서양에는 수행의 전통이 없었기 때문에 소크라테스는 "자기 자신을 알아야 된다"는 중요한 사실을 알았지만, 그렇게 되는 방법까지는 말할 수 없었다. 그 완전한 방법이 삼학(三學)을 갖추어 수행하는 팔정도(八

正道)이며, 그것이 붓다의 위대함을 가장 잘 보여주는 것이
다. 자기를 알게 되면 남을 이해할 수 있게 된다. 자기와 남
들 사이에 갈등과 다툼은 사라지고 자유와 평화가 찾아오
게 되는 것이다. 그러므로 자기 자신을 제대로 알게 되는 것
은 참으로 중요한 일이다.

진정한 효도

『논어』에 보면, 공자(孔子)께서는 제자들에게 "부모에게는 효도를 해야 한다"고 당연하고도 좋은 말씀을 수없이 강조하셨다. 유교(儒敎)에서 효도는 군자(君子)의 덕목인 인(仁)을 이루는 근본이다. 온화한 얼굴빛으로 부모를 공경하며 봉양(奉養)하는 것, 부모가 살아계실 때는 예(禮)로써 섬기고, 돌아가시면 예로써 장사(葬事)를 지내며, 예로써 제사(祭祀) 지내는 것을 말한다.

하지만 대부분의 사람들은 부모에게 효도를 하기는커녕 불효(不孝)를 면하기도 힘들다. 그리고 유교와 같은 종교적 이데올로기에 세뇌된 상태에서 하는 효도나 상당히 강제성을 띠는 사회적 제도와 관습 때문에 하게 되는 효도는 진정한 효도라고 보기 어렵다. 자기의 깨어 있는 능동적 의지로 자신의 부모에게 효도할 수 있게 되고, 나아가 이웃의 다른 많은 어른들까지도 섬길 수 있어야 참다운 효도라고 할 수 있다. 대부분의 사람들은 효도를 어찌해야 하는 건지 알면서도 그렇게 할 힘이 없고, 불효를 하지 말아야 하는 줄 알면서도 그러지 않을 힘이 없다.

참다운 효도는 자기중심의 이기적인 마음이 사라져야 가능한 일이다. 그러므로 진정한 효도는 자기의 탐욕을 제어할 수 있는 정신적인 능력이 생겨야 제대로 실천할 수 있으며, 결국 그것은 계(戒)·정(定)·혜(慧)를 갖춘 체계적인 수행을 통해 반야(般若, 智慧)를 얻고 자비심을 크게 쌓아야 실현 가능한 고귀한 마음이자 행위이다. 수행을 통한 진정한 자기계발이 없이는 효도나 사랑과 같은 고귀한 행위를 실행할 수가 없는 것이다.

한마디 덧붙이자면, 자기 부모에게 효도를 하는 것은 좋은 공덕이 되지만 자기의 자식을 사랑하는 것은 본능적인 것이고, 자기애(自己愛)의 연장이기 때문에 선업(善業)이 되기는 어렵다. 이와 같이 이 세상에서 가장 가까운 부모에게

조차도 효도하고픈 마음을 행동으로 몸소 실천하기란 참으로 힘들다. 그래서 반드시 수행이 필요한 것이다. 수행을 통해 자기 자신을 알게 되고 인과의 이치를 깨닫게 되면 하지 말라고 말려도 효도를 하게 되기 때문이다.

본래
원수는 없다

예수께서는 "네 이웃을 사랑하라"고 하시고, 나아가 "원수를 사랑하라!"고도 말씀하셨다. 이처럼 명령 선언식으로 좋은 말씀을 했지만, "원수조차도 사랑할 수 있는 구체적인 방법"에 대해서는 언급을 하지 않으셨다. 그래서 당연히 감동적인 말씀이기는 하지만, 실제로 원수를 사랑할 수 있는 실질적인 능력을 생기게 하고 키워나가는 구체적인 수행방법을 가르쳐 주지 않았다는 점에서는 무책임한 말이기도 하다. 그러한 말과 생각만으로는 인간이 바뀌지도 않고, 그 말과 생각의 내용대로 행동하게 되지도 않기 때문이다.

이웃 사랑도 어렵지만 원수를 사랑한다는 것은 그것과는

비교도 안 될 만큼 더 어려운 일이다. 원수라는 존재를 생각만 해도 밥맛이 없어지고, 가슴이 죄어오고, 잠도 오지 않고 한숨만 절로 나오고, 세상에 좋은 것은 없어지고 괴롭기만 하고, 소리가 나지 않는 총을 생각하게 되고, 형법(刑法)이 없으면 좋겠다는 생각도 들고, 쥐도 새도 모르게 죽이고 싶고, 제발 누가 좀 죽여 주었으면 속 시원하겠다는 생각도 하게 되고, 귀신이 빨리 좀 잡아 갔으면 더 이상 바랄 게 없겠고….

이와 같이 원수가 생기는 날부터 원수보다도 먼저 자기 자신이 지옥(地獄)이 된다. 원수를 위해서 원수를 사랑해야 되는 것이 아니라, 자기 자신을 위해서라도 원수를 사랑하지 않을 수 없는 것이다. 그러나 원수를 사랑하는 것은 아무나 할 수 있는 일이 아니다. 그렇다고 완전범죄로 원수를 죽여 버린다고 해서 자기의 문제가 완전히 해결되는 것도 아니다. 하늘과 땅이 알고 있고 무엇보다도 먼저 자기 자신이 잘 알고 있어서 자기를 속일 수 없는 일이며, 이처럼 죄악을 완전하게 숨길 도리는 절대로 없기 때문에 죄의식에 의한 자기 처벌까지는 그 누구도 결코 피할 수가 없다. 그 또한 또 다른 괴로움이며, 반드시 후회를 안긴다.

더욱 분명한 것은 금생(今生)에는 국법(國法)에 의한 처벌이 언제나 기다리고 있고, 내생(來生)에는 고통스럽고도 무서운 과보가 반드시 기다리고 있다는 사실이다. 다시 세속적으로 말해보면, 곧바로 원수를 갚으려고 서두르지 말고 길게 보고서 오히려 참고 기다리는 편이 더 나은 일이다. 왜냐하면 굳이 자기 손에 피를 묻히지 않더라도 결국 세월이 모두 죽여주기 때문이다. 물론 그것이 이러한 문제를 해결하는 궁극적인 방법은 아니지만, 예외 없이 적용되는 "좋은 일이든 나쁜 일이든 모든 것은 반드시 지나가게 되어 있다"는 무상(無常)의 이치를 깊이 인식하는 것만으로도 원수에 의한 괴로움에서 많이 자유로울 수 있고, 범죄라는 악업을 미연에 방지하는 좋은 이익이 있게 된다.

원수를 참으로 사랑할 수 있게 되기 위해서는, 우선 원수에 대한 사고(思考)의 전환이 필요하다. 왜냐하면 원수라는 생각이 계속 마음에 남아 있는 한 결코 그 자(者)를 진정으로 사랑할 수는 없기 때문이다. 먼저 '원수는 본래 없는 것'이라는 진실부터 자각해야 한다. 원수라는 것이 실체적으로 영원하게 존재하는 것이 아니기 때문이다.

내가 어떤 자에 대해 지극히 미워하는 마음으로 인연(因

緣)을 짓기 때문에 그는 나에게 원수로 연기(緣起)하는 것이다. 그의 부모나 그의 애인은 그와 미워하는 마음으로 인연 맺지 않기 때문에, 그들에게는 그가 원수로 연기할 리가 없다. 그러므로 원수라는 것은 자기의 지극히 미워하는 마음이 만든 것일 뿐이다. 자기 자신이 치열하게 수행한 공덕으로 지혜와 자비심을 성취하여 그 자에 대해 미워하는 마음을 지우게 되면, 원수는 사라지고 이제 그분〔怨讐〕은 참으로 측은한 존재, 곧 내가 구제(救濟)해야 될 존재로 다가오게 된다. 그렇게 되어야만 진정으로 그 누구라도 사랑할 수 있게 되고, 그들과 자기 자신 모두가 몸과 마음이 함께 자유롭고 평화롭게 되는 것이다.

위의 내용들을 다시 요약해 보자. 원수를 사랑할 수 있기 위해서는 그 내용들이 아무리 감동적이고 훌륭하다고 할지라도 말이나 생각만으로는 안 된다. 자기 자신의 치열한 수행을 통해 얻게 되는 지혜로써 "원수는 본래 없다"는 진실과 "원수는 자기의 미워하는 마음이 만든 것이다"라는 진리를 깨닫고, 지혜와 더불어 생기는 자비심이라는 '사랑할 수 있는 힘'이 있어야 비로소 원수조차도 사랑할 수 있게 되는 것이다.

그런데 여기서 우리가 반드시 명심해야 될 것은 이러한 지혜(智慧)와 자비심(慈悲心)이 말이나 생각 그리고 기도(祈禱)로써 또는 그 누구에게 구걸해서 얻을 수 있는 성질의 것이 아니라는 사실이다. 인류가 붓다의 말씀, 붓다가 가르쳐 주신 불교 수행법에 귀기울여야 하는 이유가 바로 여기에 있다.

원수조차도 사랑할 수 있는 방법 : 메따관

　원수조차도 사랑할 수 있게 하는 능력을 생기게 하고, 그 것을 향상시켜 가는 불교의 수행법을 메따관(mettā bhāvānā)이라고 한다. '메따(mettā)'는 '자애(慈愛)' · '사랑'이라는 뜻이며, '관(觀)'은 이 경우에 있어서는 '바와나(bhāvānā)'를 번역한 용어인데 '그렇게 되게 함'이라는 의미를 가지며, 중국(中國)에서는 대개 '수행(修行)' 또는 '수습(修習)'이라고 번역했다. 이 수행의 내용은 사실 위빠사나(觀)가 아니라 사마타(止)이고, 메따〔慈愛; 사랑〕는 이 수행의 주제가 된다.

　메따관은 자애심 곧 사랑의 마음을 계발하는 수행이며, 증오나 미움을 극복하기 위한 수행이다. 그 수행의 방법은 차례대로 다음과 같은 사람을 향해서 메따관을 시작해야 한다. 처음에는 자기 자신이고, 두 번째로는 좋아하거나 존경하는 사람이며, 세 번째는 좋아하지도 싫어하지도 않는 중립적인 사람이고, 마지막으로는 미워하는 사람 또는 원수가 된 사람이다.

처음에 자기 자신에게 사랑을 보내는 것은 자기를 사랑할 수 없는 사람은 남을 사랑할 수 없기 때문이고, 또 자기 자신과 다른 사람의 입장을 바꿔 생각하면서 그 사람을 충분히 이해하기 위해서이다. 다른 사람도 자기처럼 즐거움을 좋아하고 고통을 싫어하며, 오래 살기를 원하고, 죽기 싫어하는 것을 보고 남을 이해하게 된다. 이것은 남을 사랑할 수 있게 되는 초석을 놓는 작업이다.

그리하여 자기 자신에게 보내는 사랑의 마음이 우주에 꽉 차면, 그 다음에는 좋아하거나 존경하는 사람을 향해서 사랑을 보낸다. 그러한 사랑의 마음이 우주에 충만하게 되면 다시 그 다음으로 중립적인 사람을 향해서 사랑의 마음 수행을 계발해 간다. 그렇게 하여 중립적인 사람을 향해서 계발된 사랑의 힘이 아주 강하게 되면, 마지막으로 미워하는 사람 또는 원수를 향해 사랑하는 마음을 보낸다.

이때가 되면 수행력이 높아져 사랑의 마음이 크게 확대되고 미움과 증오가 극복되어 아주 미워하던 사람이나 원수였던 사람에게조차도 비로소 사랑을 제대로 보낼 수 있게 되는 것이다.

사랑의 마음[慈愛心]을 계발할 때 특히 조심해야 할 일은 이성(異性)이나 죽은 사람을 향해서 계발해서는 안 된다는 점이다. 남성 수행자가 여성을 대상으로 하거나, 여성 수행자가 남성을 대상으로 사랑의 마음을 계발하게 되면 사랑이 아니라 애욕(愛慾)·욕정(欲情)이 일어나기 때문이다. 그리고 죽은 사람을 대상으로 해서는 사랑의 마음을 보낼 곳이 없어서, '자애삼매(慈愛三昧)'를 얻는 것이 불가능하기 때문에 계발을 할 필요도 없고 할 수도 없다. 자애삼매를 성취한 다음에는 이성에 대해 그룹으로 자애관(慈愛觀)을 하는 것은 가능하다. (더욱 자세하고 구체적인 수행 단계와 방법은 불교 경론을 공부하고 불교의 전문적인 수행센터를 통해 자기 자신이 실제로 수행해야 터득할 수 있게 된다.)

예수께서 "원수를 사랑하라!"고 말씀하셨기 때문에 그 말씀대로 많이 실천하게 되면 죽어서 꼭 천당에 갈 수 있을 것이라는 허망(虛妄)한 욕심을 내거나, 또 많은 원수를 사랑할

수록 은총이 더욱 커질 것이라는 교활한 생각을 해서는 곤
란하다. 그래서 더욱 더 많은 원수를 사랑하기 위해 원수가
아니었던 사람들까지 원수로 만드는 어리석음을 범해서는
안 되는 것이다. 실제로 미워하는 사람이 없는데 일부러 그
런 사람을 만들어서까지 메따관을 수행할 필요는 없다. 오
직 증오하거나 혐오하는 사람이 있는 경우에만 그 사람을
향해서 사랑의 마음을 계발하면 되는 것이다.

3장

불교의 밖을 통해 배우기

천당과 지옥은
번지수가 없다

마음이 깨끗하고 고요한 자들이 머무는 곳이 천국(天國)이다. 천국은 마음의 세제(洗劑)도 아니고, 마음의 세탁소나 목욕탕은 더더욱 아니다. 더러운 자가 가면 깨끗해지는 그런 곳이 아닌 것이다. 더러운 자도 천국에 들어가면 저절로 깨끗해진다고 알고 있다면, 그것은 큰 오해이고 착각이며 무지(無知)이다.

천국은 이미 깨끗해진 자만이 갈 수 있는 곳이다. 그런데 자기 자신의 마음을 깨끗하게 하는 일은 다른 그 누구도 대신 해 줄 수 없다. 오직 자기 자신만이 할 수 있는 일이다. 가장 위대한 성인(聖人)이라 하더라도 마음을 깨끗하게 하는 방법을 가르쳐 줄 수 있을 뿐이지 직접 다른 사람을 깨끗하게 해 줄 수는 없다. 왜냐하면 마음은 몸이나 옷처럼 눈에 보이고 손에 만져지는 것이 아니어서, 목욕을 시켜주거나 세탁을 해 주듯이 남이 깨끗하게 해 줄 도리가 전혀 없기 때문이다.

지옥(地獄)은 천국과는 반대로 마음이 크게 오염되고 매우 산란한 자들이 있는 곳이다. 그러한 마음의 오염과 산란에 의해 저지른 무거운 악업(惡業)의 과보로 나타나는 세계이기에 당연히 극심한 고통이 연속될 수밖에 없다. 그리고 죄업에 대한 대가를 치르면 나아지긴 하겠지만, 자기 자신이 스스로 마음의 오염을 제거하고 산란을 잠재우지 않고는 계속해서 되풀이 되는 윤회의 고통에서 완전하게 벗어날 길은 없다. 다시 말해 지옥의 고통으로부터 벗어나는 길도 또한 타자(他者)에 의한 구원은 있을 수 없고, 자기 자신에 의한 구제만이 가능한 것이다.

천당과 지옥은 번지수가 없다. 천당이나 지옥은 공간적인 어떤 곳, 곧 어떠한 구체적인 장소에 위치하는 것이 아니다. 여기에서 하늘(天)과 땅(地)은 문학적인 비유법이다. 천당이 하늘의 어디에 있고 지옥이 땅 속 어디에 있을 것처럼 어떤 구체적인 장소라고 생각하는 것은 늘상 시공간 속에서 살아가는 중생들의 생각의 한계일 뿐이다. 저 머나먼 하늘이든 저 깊디깊은 땅 속이든 죽어가서 머물 곳은 없다. 그러므로 천당으로 유혹하고 지옥으로 협박하여 수금하는 종교적 사기꾼들에게 속아서는 안 될 일이다.

만약 천국이 번지수(番地數)가 있는 어떤 구체적인 장소라고 해도 탁하고 더러운 자들이 가면, 그들에게는 더 이상 천국이 되지 않는다. 가난한 자가 부자들이 사는 동네로 이사를 간다고 해서 갑자기 부자가 되는 것은 아니듯이. 교도소라는 같은 번지 내에서 거의 동일한 공간속에서 살고 있더라도 교도소장, 교도관들과 죄수들의 자유로움은 다르듯이.

천국을 탐하는 자는 결코 천국에 갈 수 없다. 천국은 탐착의 대상이 아니며, 탐착은 그대로 지옥이다. 오염된 자가 있는 곳은 곧바로 그대로가 오염된 세계이기 때문에 천국일 수가 없다. 이 세계는 육도(六道)의 각 세계가 단층적으로 분할되어 있는 것이 아니라, 세간의 육도와 함께 출세간의 세계까지도 중첩되어 있는 중층적(中層的)인 세계이다. 마찬가지로 각 세계의 각 개체 속에도 다른 세계들이 잠재되어 있다.

욕심이 많은 자를 그가 생각하는 천국 같은 세계에 보내 놓더라도, 그런 자는 그곳 생활에 익숙해지게 되면 이제 그곳이 권태로워지고 괴롭게 되면서 지옥으로 변하기 시작한다. 천국 같은 세계가 권태로워지고 괴롭게 되면서 지옥으로 변하지 않게 하려면, 그 자신이 스스로 욕심이나 증오심을 제어할 수 있어서 항상 마음이 맑고 밝고 따뜻하고 고요해질 수 있는 정신적인 능력을 갖추고 있어야 한다.

탐욕과 분노와 어리석음으로 오염된 자는 그가 생각하는 천국에 보내더라도 그에게는 그곳이 절대로 천국이 될 수가 없는 것이다. 그들은 마음이 욕심 재벌이어서 천국에 갈 복(福)이 없어 천국에 보내도 천국이 안 된다. 언제나 마음이 맑고 밝고 따뜻하고 고요하며 향기로운 자는 이 세상에서도 천국이고 저 세상에 가더라도 천국이다. 여기에서 천국을 사는 자라야만 저기에서도 천국을 살 수 있다.

천국의 문

　정신적 마약상인들은 전지전능(全知全能)한 신(神)을 상정(想定)하여 설정해 놓고는, 그 신에게 무조건 복종하고 떠받들면서 충실한 종[奴]으로 살아가면 모든 것을 해결해 준다고 큰 거짓말을 한다. 사는 동안은 물질적 풍요를 누리고, 죽어서는 천국에 태어나 영생(永生)한다고 유혹하며, 불신(不信)하면 죽어서 지옥의 불구덩이에 빠져 영원히 고통을 받는다고 공갈·협박한다.

　참으로 많은 사람들이 살았을 때 항상 남에게 베풀고 선량하고 깨끗하며 경건하게 생활하지도 않았으면서, 죽어서까지도 천당에 가서 온갖 호사(好事)를 누리며 살겠다는 허황되고 한량없는 욕심 때문에 진실을 보지 못하고 헛된 가르침이나 감언이설에 속아 넘어 간다. 괜히 삿된 이야기에 신비감을 가지고 쉽게 천국에 가겠다고, 또 죽어서도 자기 혼자 계속 행복하겠다고 맹신(盲信)하고 광신(狂信)하다가 광란의 도가니에 빠져든다.

그들은 헛된 꿈을 깨고 싶지 않으므로 정신적 마약상인들에게 속아 넘어가지 않을 수 없는 것이다. 그것은 지독한 무지(無知)·무명(無明)이다. 그러한 정신 수준에서 하는 일은 사회봉사조차도 천국에 가기 위한 보험이라고 생각하면서 행하는 거래이기 때문에 결코 고귀한 행위가 아니다. 탁한 생각에서 이루어지는 깨끗하지 못한 행위일 뿐이다.

오욕락(五欲樂)을 즐기던 자(者)는 천국에 못 간다. 영악한 자들에게 천국의 문은 열리지 않는다. "봄(春)이 된 자, 바로 그 자만이 꽃을 피울 수 있다"고 하지 않았던가. 지금 여기에서 천국을 사는 자만이 죽어서도 천국에 간다. 교회나 성당이나 절(寺刹) 등에 돈을 많이 내고 열심히 자주 다닌다고 천국에 가게 되는 것도 아니다. 또한 반드시 어떤 특정 종교를 믿어야 가는 것도 아니다. 종교를 믿지 않아도 천국에 갈 수 있다.

정신적인 평화와 고귀한 마음을 가진 사람만이 천국에 갈 수 있고, 그 자는 지금 여기에서도 이미 천국이다. 사랑과 연민은 아주 고귀하고 훌륭한 성품이다. 그런 심성을 가진 자만이 천국에 갈 수 있다. 기독교의 교인이 되고, 그 교단에 충성하는 것만으로는 천국의 문은 열리지 않는다. 예수의 진정한 제자가 되었을 때, 그의 손에는 천국의 문을 열 수 있는 열쇠가 쥐어져 있을 것이다.

천국 백성의 조건

　지금부터 5,000년 전에도 그랬을 것이고, 앞으로 5,000년 후에도 그럴 수밖에 없는 진실이 있다. 첫째, 자기만을 생각하고 자신의 이익만을 챙기는 사람은 나쁜 놈이다. 둘째, 자기도 생각하지만 남의 이익도 배려하는 사람은 괜찮은 사람으로 인정받을 것이다. 셋째, 자기보다 우선하여 남을 위해 사는 사람은 존경받을 분이다.

　『성경』의 〈마태복음〉 제25장 35절에서 40절까지 보이는 내용은 천국의 백성이 되기 위해서 어떻게 살아야 하는 것인지를 잘 보여주고 있다. 간추려서 정리해 보면 이러한 내용이다. "굶주릴 때에 먹을 것을 주고, 목마를 때에 마실 것을 주고, 나그네가 되었을 때에 영접하고, 헐벗었을 때에 옷을 입혀 주고, 병들었을 때에 돌봐주고, 감옥에 갇혔을 때에 가서 보고…."

굶주리고, 목마르고, 외롭고, 헐벗고, 병들고, 학대받고, 고통 받아 힘든 자들을 외면하지 말고 거두어서 사랑을 베푸는 일들을 직접 실천해야 된다는 말씀이다. 그들을 돌보고 거두는 것이 바로 주님이나 예수님을 위하는 일이 된다는 위대한 선언인 것이다. 기도를 해 올리는 것만으로는 그들이 배불러지지도 않고 갈증이 해소되지도 않는다. 성전(聖殿)에 돈을 갖다 바친다고 해서 그들이 따뜻해지거나 병이 낫게 되는 것도 아니다. 생각과 말만으로는 그렇게 되지 않는다. 자기 자신이 몸소 초라하고 불쌍한 자들에게 직접 사랑을 베푸는 것이 천국의 문을 여는 열쇠가 된다는 것이다. 다시 말해 예수를 믿지 말고 예수를 닮아 가야 된다는 말씀이다.

자기의 이익만을 위한 행위는 악업(惡業)이며, 자기와 남에게 서로 이익이 되는 행위는 선업(善業)이라고 할 수 있다. 악업에 대해서는 남들이 거역하고 배척을 하게 되므로 그 뜻한 바대로 이루어지기 어려워 괴로움의 과보가 있게 되고,

선업에는 남들이 순응하고 수용하게 되므로 즐거움의 과보가 있게 된다. 그래서 "선인락과(善因樂果)·악인고과(惡因苦果)"라는 일종의 법칙성이 존재하게 되는 것이다. 사랑을 실천하여 훌륭한 선업이 많이 쌓여야 천국의 백성이 될 수 있다. 남에게 베풀며 아름답고 착하게 잘 살아야 되는 이유이다.

세상과 인간을 보는
견해들

  창조설(創造說) : 아주 옛날 사람들은 자연의 변화가 너무 경이롭고 신비로워서, 그 배후에 그것들을 창조한 신(神)이 있고, 그 신이 세상의 모든 것들을 조종하고 주관한다고 생각했다. 그래서 신에게 자신의 삶을 의탁하기 위해 종교의식을 행하고, 현생(現生)의 안락(安樂)과 내생(來生)의 영생(永生)을 추구하며 천국(天國)을 꿈꾸었다.

  그때로서는 참으로 소박하기 이를 데 없는 생각이었다. 그러나 지금도 그렇게 생각한다면, 그것은 무지(無知)이다. 왜냐하면, 인간을 포함하는 자연은 그 누구에 의해서 창조된 생산물이 아니므로 생산자는 있을 수 없기 때문이다.

만약 오늘날의 성능 좋은 천체 망원경으로 볼 수 있는 밤 하늘에 떠 있는 1조(兆)~2조 개의 별들마다 인간이 살고 있고 갖가지 생명체들로 넘쳐나며, 전 세계에 있는 성당과 교회의 첨탑에서 피뢰침을 제거하더라도 벼락에 맞지 않고, 강한 지진에도 그것들이 무너지지 않으며, 겨울에 비닐하우스 재배를 해도 채소가 자라거나 과일이 열리지 않고, 진화론(進化論)이 99%가 아니라 100% 틀린 것이라면, 이 우주와 인간은 절대신(絶對神)에 의해 창조된 것임에 틀림없다.

그러나 창조주로서의 절대신을 상정하게 되면, 우주를 만든 재료는 어디서 온 것인지가 문제 되고, 그리고 그분은 자기가 창조한 우주의 안〔內〕과 밖〔外〕 어디에 존재하는지가 문제가 되며, 또 지고지순(至高至純)한 존재가 창조한 이 세상에 악(惡)과 고통이 있게 된 문제, 그래서 과연 그분이 전지전능한 것인지 등이 문제가 된다.

하나의 예를 들어보자면, 지구도 창조주 그분이 만들었으면서 자기가 만든 지구가 도는 줄도 몰랐다면 말이 되는 소리가 아니다. 그것도 전지전능하다면서~. 그리고 지구가 도는 것이라고 진리를 알려 주는 사람을, 그것도 살아 있는 사람을 불에 태워 죽이는 잔인한 신앙이 무슨 사랑을 얘기

하고 '궁극적인 가르침'이라는 의미를 가진 '종교'일 수가 있
단 말인가?

그리고 정신질환·육체적 장애·암과 같은 난치병·고질
병·치매·전염병·악마·살인마·홍수·가뭄·지진·쓰나
미·토네이도 등 이런 것들도 창조된 것이라면, 몹쓸 짓을
한 것이 된다. 그러지 말고 차라리 '믿음'에서 '창조(주)'와
같은 '억지와 무지'의 요소를 빼면, '소망'과 '사랑'만으로도
종교일 수 있고 위대하다. '감사'와 '용서'도 있지 않는가.
그리고 그러한 신앙인들과 관련해서는 아무리 돈과 명예와
종교 권력의 길목에 서 있더라도 거짓인 줄 알면 비켜서는
것이 예수의 정신에도 맞다. 돈과 힘을 가지고 조직을 통해
억지로 거짓을 진리로 만들고자 하면 결국 모두 불행해질
수밖에 없다.

음양설(陰陽說) : 중국의 음양설은 플러스(+)적 힘과 마이
너스(-)적 힘의 교류 속에서 만물의 변화가 있다고 설명하는
견해로서, 섬세하지 못하고 좀 거칠기는 하지만 창조설보다
는 훨씬 세상과 인간에 대한 진실을 많이 본 것이다. 그래서
'음양오행설(陰陽五行說)'로 발전하여 지금까지도 한의학(韓

醫學)이나 풍수지리설(風水地理說) 등에 활용되고 있다.

음양의 원리를 통해 세상의 변화를 읽어내고자 하는 중국의 대표적 고전이 주역(周易)이다. 이것은 한자(漢字) 문화권의 세계관과 형이상학의 바탕을 이루는 책이며, 우주의 이치와 생명의 원리를 담고 있다. 이러한 음양사상은 중국적 사고의 기본 틀을 형성하고 있다.

주역에는 답만 있는데, 긍정과 부정이 아주 애매모호하다. 사실상 그들은 괘(卦)를 가지고 점(占)을 친 게 아니고, 인생 전반에 대한 지혜의 폭을 넓혀 해답을 구하고 찾았다. 예측하기 힘든 세상사(世上事)에 대해 생각해 볼 수 있는 모든 경우를 헤아리면서 여러 다양한 사태의 변화에 대비했던 것이다.

연기설(緣起說) 또는 인과설(因果說): 불교의 연기설은 인(因; 원인)과 연(緣; 조건)에 의해서 과(果; 결과)가 있게 된다는 견해이다. 그 내용을 정확하게 이해하기는 쉽지 않지만, 연기설에는 물리·화학적 법칙을 설명하는 '자연과학적 연기'와 논리적 관계를 설명하는 '관계적 연기'와 마음을 바탕으로 하여 나타나는 세상과 인간에 대해 설명하는 '마음 연

기'가 있다. 수행과 연계하면서 불교가 중점을 두고 강조하는 것은 '마음 연기'이다. 붓다 교설의 무게 중심은 윤리의 성립근거이며 수행의 성립근거가 되는 '마음 연기'에 있다.

세상의 자연적 재해나 인간의 길흉화복은 신(神)의 노여움이나 저주 그리고 은혜에 의한 것도 아니고, 원인 없이 우연하게 생기는 것도 아니며, 전세(前世)의 업(業)에 따라 생겨서 현생(現生)에는 바꿀 여지가 조금도 없는 숙명적인 것도 아니다. 그것들은 많은 법(法)들의 인연에 따라 일어났다가 사라지는 것들이다. 그러므로 각 개인의 행복과 불행도 인과법에 의한 자업자득(自業自得)의 것이다.

좋은 일이든 나쁜 일이든 인연에 의해 만들어진 것들은 영원하지 않고 순간순간 변해가는 흐름만 있을 뿐이다. 그 흐름은 무궤도적(無軌道的)인 것이 아니라 일정한 법칙이 있으니, 인(因; 원인)과 연(緣; 조건)에 의해 과(果; 결과)를 형성하면서 끝없이 계속된다. 그래서 영혼과 같은 영원불변한 것은 있을 수 없다. 법칙은 누가 만든 것도 아니고 누가 바꿀 수 있는 것도 아니어서, 그 법칙을 따라 잘 활용하는 수밖에 달리 방법이 없다. 이러한 인연의 흐름 속에서 좋은 원인[因]과 조건[緣]을 심어 행복의 결과[果報]를 받도록 노력

해야 하는 것이다.

생명도 지구를 원인[因]으로 하고, 지구를 뺀 나머지의 우주를 조건[緣]으로 하여 생겨난 결과[果]이다. 생명체는 지구와 우주의 합작품, 곧 연기법(緣起法)인 것이다. 그래서 생(生)과 사(死) 모두 자연에서 온다. 우주 자연은 생명을 품기도 하지만, 떠나보내기도 한다. 자연은 거짓도 없고 방편도 쓰지 않는다. 그러므로 그 이치를 깨달아 거기에 맞춰 살아가는 것이 가장 현명한 삶이 되는 것이다.

종교 없이도 세간의 행복은 얼마든지 누릴 수 있다

이 세상에 개신교·천주교·이슬람교·유교·힌두교·불교와 같은 종교가 없었을 때에도 부귀(富貴)를 누리는 자는 있었다. 태고 적에도 남에게 베풀고 건전한 생활을 하던 사람은 그러한 공덕(功德)으로 행복의 과보를 받게 되어 있다. 남들에게 손해가 되는 나쁜 행위를 저질러서 그들이 거역하거나 배척하도록 하지 않고, 그들에게 이익이 되는 좋은 행위를 함으로써 환영을 받게 되고 그들이 순응하게 되는 경우에는 행복이라는 결과가 당연히 따르게 되는 것이다.

욕심을 부린다고 부유해지는 것도 아니다. 전세(前世)에 쌓아둔 공덕이 있으면 저절로 그렇게 된다. 은행에 저금을

해 둔 게 있어야 돈을 찾아 쓸 수 있는 것과 마찬가지다. 수명(壽命)만 하더라도 이 세상에 제 명(命)대로 살지 못한 사람은 없다. 평균수명에도 못 미치고 간 이를 보면 너무 단명이라 안타까워하지만, 그게 그 사람의 수명이었다.

이 세상은 중생들이 쌓아온 공덕에 의한 그들 사이의 복(福)의 전쟁터이다. 지금의 길흉화복이 우연한 일도 아니고, 누가 조작하는 것도 아니다. 불교의 업설이 아니고서는 중생들 사이의 차이를 논리적이며 합당하게 설명할 수가 없다. 이러한 진실을 명확하게 알고서 어떤 종교에도 최면을 당하거나 세뇌되지도 말고, 어떠한 정신적 사기꾼들에게도 속아 넘어 가서는 안 된다. 믿음은 진통효과가 있기 때문에 그 점을 조심해야 한다.

영생불사(永生不死)나 부활을 믿는 것은 '있는 그대로'를 받아들이지 못해서 그렇다. 지혜를 성취하여 무상(無常)과 무아(無我)를 깨닫게 되면, 그러한 허망한 생각을 거두게 된다. 깨닫지는 못했더라도 또 종교를 믿지 않더라도, 평소 일상생활에서 윤리 도덕적으로 청정하게 살면서 자기가 가지고 있는 것들을 이웃과 나눠 쓰게 되면, 이 세상에서 세간의 행복은 얼마든지 누릴 수 있게 되어 있다.

들여다보기 고해 苦海

중생 업력의 법칙

  우주 만유에는 인력(引力)의 법칙이 적용되지만, 삼계(三界)에 속하는 중생의 삶은 업력(業力)의 작용에 의해 연기법적으로 전개된다. 생명을 통해 삶 속에서 드러나는 세계는 그 사람의 정신적 수준이나 경지에 따라 다르게 다가온다. 저마다 갖고 있는 업력의 내용의 차이에서 오는 것이다.

  중생들의 일상생활은 엄밀하게 따지면 자기의 능동적 의지대로 행위하는 게 아니다. 잠재된 업력의 내용에 따라 자극의 입력에 대해 자동적으로 반응을 하게 된다. 그래서 자신의 생각도 자기 마음대로 되지 않으며, 말과 행동도 업력의 내용에 따라 그렇게 나타난다. 우리가 전세(前世)에서부터 지금까지 몸[身]으로 입[口]으로 마음[意]으로 지으면서 쌓아온 선악의 업력들은 지금 단박에 자기가 마음먹은 대로 어떻게 할 수 있는 게 아니다. 우리의 일상생활은 자신들이 쌓아온 업의 힘에 의해 좌우되는데, 지금 이 순간 자기가 원하는 대로 삶이 전개되지 않는 이유이기도 하다.

그러므로 불교는 '자기 창조설'이라고 할 수 있다. 자기는 자신이 만들어 간다. 중생의 몸과 마음은 일상의 신(身)·구(口)·의(意)의 삼업(三業)에 의해 형성되어지는 것이다. 육도윤회(六道輪廻)의 길은 누구의 심판에 의해 결정되는 것이 아니라, 자기의 업력에 의해서 자연스럽게 결정되는 길이다. 현생(現生)은 전생(前生)을 바탕으로 하여 전개되고, 현생의 생활[三業]은 내생(來生)의 근원이 된다. 지금 우리가 사람의 모습을 하고 있지만, 살아가면서 어떤 마음을 쓰면서 어떤 말과 행위를 하면서 살아가느냐에 따라 벌써 육도윤회 중의 어떤 하나의 모습으로 가고 있는 것이다. 자기의 운명은 자신이 만들어 가는 것이다. 세상을 주재(主宰)하고 각 개인의 인생을 주관하는 절대자로서의 신(神)은 없다.

사띠(sati, 念)를 지니지 않는 마음은 탐욕과 증오 그리고 어리석음으로 가득 차 있다. 사띠를 통해 사마타 수행이나 위빠사나 수행으로 쌓여진 수행의 힘이 강력해졌을 때, 수행력의 정도에 따라 거기에는 탐욕 등의 번뇌가 존재하지 않게 되므로, 그만큼 자기의 능동적인 의지대로 행위할 수 있게 된다. 수행은 좋은 업〔善業〕을 생산하여 운명을 개척하는 작업이다. 참다운 마음의 평화〔解脫, 涅槃〕는 감각적 즐거움을 통해서는 이룰 수 없고 수행을 통해야만 이룰 수 있다.

누구나 수행을 하게 되면 모든 정신적 번뇌들과 나쁜 생각들로부터 자유로울 수 있다. 그러나 수행을 통해 깨달음을 얻기 전에는 번뇌와 업장을 소멸시킬 수 없으므로, 평소에 공덕을 많이 쌓아 악업의 힘을 상대적으로 약화시켜 가는 것이 나쁜 과보를 최소화하는 최선의 방법이다. 그러므로 일상생활에서 항상 좋은 생각을 하고, 좋은 말을 하며, 좋은 행위를 해야 좋은 세계가 펼쳐지는 것이다.

좋지 않은 생각이 병을 만든다. 좋거나 나쁜 한 생각이 아무것도 아닌 게 아니다. 그런 생각들이 자기를 만들어 간다. 세계도 마음에 따라 펼쳐지는 것이다〔一切唯心造〕. 천당도 지옥도 마음이 펼친 세계이다. 자기 인생은 자기 자신이 만들어 가는 것이다. 자기 운명은 자신의 업력에 따라 전개되는 것이지, 누구의 조작에 의한 것은 결코 아니다.

욕망이 자꾸 커져만 가는 이유

대부분의 사람들은 오욕락(五欲樂)을 최대한으로 충족시키는 것을 인생의 목적으로 삼는다. 그들은 이러한 욕망을 충족시키기 위해 평생을 허덕이며 전 생애를 바친다. 그런 내용도 모르는 채 또 알고자 하지도 않고, 그저 남들이 그렇게 사니까 자기도 그렇게 살아간다. 욕망 충족의 대상은 먹이·배우자·적(敵) 등 대개 자기의 바깥에 있는 물질적인 것들이고, 욕망은 자기의 내면에서 일어났다가 사라지기를 반복하는 마음[精神]이다. 그런데 삶속에서 대부분의 사람들은 욕망은 그대로 둔 채 충족에만 열을 올린다. 원하는 먹이와 배우자를 얻고 욕망의 충족에 방해가 되는 적을 꺾기 위해 온갖 머리[知能]를 쓰면서 편안한 날이 없다.

욕망의 가장 근원적인 것은 생존 욕구[食欲·睡眠欲]와 종족보존 욕구[性欲]이며, 명예욕과 재물욕은 그러한 욕구 충족에 크게 도움이 되는 부차적인 욕망들이다. 그리고 권력욕은 오욕을 한꺼번에 크게 많이 충족시키겠다는 종합적인 욕망이다.

욕망 충족의 대상이 되는 것들은 물질적인 것으로서 한정적인 것이고 소유하고자 하는 경쟁 상대들이 너무나 많다. 자기 마음대로 쉽게 소유할 수 있는 것들이 아니고, 많은 시간과 노력을 크게 필요로 하는 것들이다. 그래서 대부분의 사람들은 욕망의 대상과 관련하여 항상 상실과 결핍에 시달리므로, 욕구 불만으로 인한 스트레스가 쌓여만 간다. 그러한 스트레스와의 전쟁이 그들의 인생살이의 전부라고 해도 과언이 아니다.

결국 중생들이 추구하는 행복의 실상(實相)은 그 동안 욕구를 충족시키기 위해 투자한 시간과 노력 때문에 쌓여온 스트레스를 해소함으로 해서 생기는 '스트레스 해소감'일 뿐인데, 그들은 그것을 행복 그 자체라고 생각한다. 그런데 축적된 스트레스를 해소함으로써 찾아오는 행복감은 느낌

이어서 그리 오래 머물지 않고 금방 사라지기 마련이다.

그래서 그러한 잠시 동안의 행복감을 다시 맛보기 위해서는 예전보다 더 큰 스트레스를 만들어야 하고, 그러기 위해서는 다시 예전의 욕망보다 더 큰 욕망으로 키워가지 않을 수 없다. 그리하여 스트레스의 악순환이 계속되는데, 대다수의 사람들은 그 해소감을 행복이라고 생각하기 때문에 욕망 충족의 방향으로만 줄기차게 달려간다.

그러나 그 방향으로 가서는 진정한 행복을 영원토록 만날 수 없다. 욕망이 커져가는 것에 끝이라는 것이 있을 수 없어서 욕망의 완전한 충족이란 불가능하기 때문이다.

문제 해결의 열쇠는 욕망 충족의 길에 있는 것이 아니라, 욕망 그 자체를 줄여가고 없애 나가는 데 있다. 그 욕망을 끊어가는 작업이 수행이다. 욕망을 어느 정도 다스릴 수 있게 되면 작은 것에도 만족할 수 있게 되고, 욕망을 완전히 정복하게 되면 그 동안 괴로움〔不幸〕으로 와 닿았던 불만족이라는 문제 자체가 없어진다.

자기의 생존과 이성(異性)에 대한 욕망보다 더 강렬한 욕망은 없다. 의심을 가지고, 호기심을 가지고, 훔쳐보고, 시건방을 떨고, 거짓말을 하고, 시치미를 떼고, 도망을 가거나 싸움을 하는 것도, 또한 아첨·아부를 하거나 아양을 떠는 것도 모두가 자기의 생존전략이다. 어린이들이 동물 인형을 좋아하고, 곤충 잡는 것을 기뻐하며, 물고기 잡는 것을 즐거워하는 것도 인간의 사냥 본능이고 살아남기 위함이다. 살아남기 위한 것은 세포도 아는 본능적인 것이다. 세균도 죽지 않으려고 항생제에 대한 내성(耐性)을 키워간다.

그 다음이 자기의 종족을 보존하기 위해 생겼으나 인간에게 있어서는 쾌락 추구의 수단으로 기울어버린 성욕(性欲)이다. 생명을 이어가려는 처절함은 생명을 만든 자연의 전략이다. 깊이를 알 수 없는 외로움도 성적인 쾌락의 덫도 짝을 만나게 하고 짝짓기를 시켜서 생명을 이어가게 하기 위한 우주의 음모이다. 이 성욕 때문에 여자가 예뻐 보이고 남자가 믿음직스럽게 느껴지는 것이다.

신(神)이 전지전능하게 된 것은 자기의 힘으로 안 되면 신의 힘을 빌려서라도 자기가 원하는 대로 되어야 하기 때문이고, 천국은 욕망 충족에 의한 행복을 끝없이 누리겠다는 무서운 집착이 만들어 낸 것이며, '영혼'이나 '영생(永生)'은 죽기 싫고 죽음이 두려워 영원히 살고 싶은 '생(生)에 대한 애착'이 만든 것이고, '사랑의 하나님〔여호와〕'은 자기가

그다지 잘 살아오지 못한 때 묻은 인간임을 스스로 알면서도 어두운 과거로부터 구원을 받고 사랑을 받고 싶으므로 생각해 낸 인간의 절묘한 창작품이다.

이와 같이 인간의 욕망은 끝이 없다. 그러나 우리 모두가 공유해야 하는 사실은 모두 죽을 운명이라는 것이다. 태어나는 것은 이미 사형 언도를 받은 것이고, 다만 사형 집행일을 알 수 없을 뿐, 반드시 그날은 찾아온다.

이것이 우주의 어김없는 이치이고, 이러한 이치대로 살 수 있게 하는 것이 수행이다. 생명의 자석에 매달려 살아남으려고 발버둥쳐 봐야 스스로 더욱 비참해질 뿐이다. 이치와 반대되는 내용으로 믿는다고 해서 자기가 믿는 대로 될 리도 없고, 진리를 외면한다고 해서 그런 일을 비켜 갈 수도 없다.

수행은 우주의 이치를 깨닫고서 욕망 그 자체를 끊어가는 것이기에, 수행의 결과는 생존 욕구와 번식 욕구가 사라져 가는 양상으로 나타난다. 우리의 몸과 마음〔五取蘊〕이 바로 고(苦)이므로, 고로부터의 해탈을 지향하는 불교는 그런 의미에서 '생명 부정의 철학'이다. 생존 욕구와 번식 욕구를 뿌리까지 뽑아서 이 세상에 다시 태어나지 않게 되면〔不受後

有], 늙고 병들어 죽게 되는 고통은 있을 수 없게 된다.

이러한 얘기들이 와 닿지 않는다면 그 사람은 갈 길이 멀다고 보면 좋으리라. 누구나 불교공부를 하고 수행을 하게 된다면 자기뿐만 아니라 남들의 행복에도 크게 도움이 될 것이다.

붓다의 전도 선언의 내용은 "세상을 불쌍히 여기고, 모든 중생들의 이익과 행복과 안락을 위하여 널리 법을 펼치라"는 것이었다.

가난과 질병의 고통도
우주의 경고 메시지이다

우주는 인과법(因果法)이 지배하므로 그 안에 있는 중생들의 삶도 인과법에 따라 흘러간다. 그래서 가난과 질병도 전세(前世)의 업보(業報)이거나 현생(現生)에서 의(衣)·식(食)·주(住)와 성(性)생활을 잘못한 과보(果報)라는 것을 우주가 알려주고 있는 것이다.

다시 말해 돈이나 건강 등의 문제를 해결하고자 하면, 지금부터라도 삶의 내용과 방식을 고쳐가야 된다는 메시지라는 것이다. 그러한 우주의 경고 메시지에 귀를 기울이고 조심하지 않으면 더 큰 고통을 받게 될 것은 불을 보듯 뻔하다.

잘못된 생활과 행위에 대해서는 반성하고 참회하여 그러한 일들을 다시는 반복하지 않는 것이 중요하다. 반성과 참회[贖罪] 후에는 절제된 생활과 좋은 행위를 실천하여 삶이 달라져야 과거의 업(業)이 정화되고 나쁜 과보를 받지 않게 된다. 전화기의 벨소리는 받으면 그치듯이, 우주의 메시지도 잘 받아들이면 고통이 사라지게 되는 것이다.

개인의 삶의 방식은 개인의 의식 수준의 문제이고, 자기 마음의 청정성과 순수성의 문제이다. 결코 붓다나 예수의 문제가 아니다. 그러한 의식 수준이 되지 않는 한 미륵불이 하생해도 구제가 안 되고, 예수가 재림해도 구원이 안 된다. 그래서 순수하고 고귀한 정신과 청정하고 가치 있는 삶이 중요한 것이다. 자기 자신에 의한 구원이고 구제이지, 다른 누구에 의한 구원이나 구제가 아니다.

가난과 질병의 근원은 무지(無知)와 탐욕 그리고 분노와 같은 번뇌들이다. 그러므로 자기 자신이 터득한 지혜와 절제 그리고 자제할 수 있는 능력이 없이는 부귀와 건강을 얻을 수 없다. 먼저 자신이 의술(醫術)이라는 실력을 갖추고 있어야, 그 뒤에 남에게 인술(仁術)을 베풀 수 있는 것과 같은 이치이다.

행복(幸福)과 불행(不幸), 천국과 지옥의 심판자는 그 누구도 아닌 바로 자기 자신이다. 염라대왕의 정체도 사실은 자기 자신의 업력〔알라야식〕이다. 어떻게 살았는가 하는 삶의 내용에 따라 그대로 나타나는 각자의 인생이고 세계일 뿐이다. 그 누구도 거기에 직접적으로 손댈 여지는 전혀 없다. 자기 자신과 자기의 세계를 만들어 가는 자는 바로 자기 자신이다. 그러므로 우주가 보내는 메시지는 바로 자기 알라야식의 메시지이기도 하다.

요약하자면, 행복하기 위해서는 누구든지 언제나 어디서나 어떻게든 잘 살아야 한다는 말이다. 남을 도와주면 그것이 알라야식에 저장되고, 법신불(法身佛)과 불성(佛性)이 그것을 알기에 도로 받게 되는 것이다. 그러므로 무엇보다도 가난과 질병의 근원이 되는 번뇌를 끊어가는 수행이 자기 자신을 위한 가장 위대한 투자이다.

고(苦)라는 문제의 해결 방법

외도(外道)들은 인간의 길흉화복이 신(神)의 은총이나 시련이 아니면 사탄[惡魔·魔鬼]의 저주라고 믿고 있다. 붓다께서는 세상의 이치[三法印·緣起]를 있는 그대로 설명하시고 그 이치대로 살 것을 주문하셨지, 있지도 않은 창조신·절대신을 맹신(盲信)하면서 그에게 행복과 안녕을 구걸하라고 하지는 않으셨다.

불교는 처음부터 창조신이나 절대신의 존재를 부정한다. 창조자로서의 어떤 절대신이 있어서 이 세상과 인간을 만들어 놓고, 그 뒤에서 자기의 뜻대로 그것들을 조종하며 움직여 가는 것이 아니라는 것이다. 불교에 의하면 세상의 모든 것들은 서로 의존하여 생성과 소멸을 거듭하여 가는 연기(緣起)된 것으로 인과(因果)의 흐름 속에 있다. 그러므로 현실에서 자기가 어떤 원인과 조건을 갖추기만 하면, 그것에 따른 결과를 얻을 수 있게 되는 것이다.

괴로움의 원인은 신이나 사탄에게 있는 것이 아니라 번뇌와 업(業)이기 때문에, 괴로움〔苦〕으로 결과가 일어나지 않게 하기 위해서는 그 원인이 되는 번뇌와 업을 끊어가야 한다. '선인락과(善因樂果)·악인고과(惡因苦果)'라는 인과관계를 깨달아서 주어진 원인에다 자기의 능동적 의지로 조건들을 바꿔감으로써 결과를 달리 해 가야지, 신에 대한 믿음이나 기도(祈禱)·제사(祭祀) 등의 위로와 위안으로는 괴로움의 문제를 근원적으로 해결할 수 없다.

죽음에 대해서조차도 연기와 인과의 이치에 따른 자연의 현상임을 모르는 무지(無知) 때문에 불안과 두려움 등의 고통이 따르는 것이다. 신에 대한 믿음으로 영생(永生)과 천국(天國)을 바라고 꿈꾼다고 해서 죽음의 문제가 해결되는 것이 아니다. 무지의 연속에 의한 고통들이 되풀이 될 뿐이다. 이러한 무지와 욕망을 뛰어넘어야 다른 고귀한 것들을 얻을 수 있다. 매실(梅實)을 입에 물고는 휘파람을 불 도리가 없다.

　세상의 무상(無常)하고 허망한 것들에 애착하고 집착하는 것은 세상의 이치에 무지하기 때문이다. 그러한 무지로 인해 악업(惡業)을 짓고 그 때문에 고통을 받는 것이다. 무지로 인해 악업을 짓고 악업을 지어 지옥으로 가게 되는 것이지, 죽은 자를 심판하여 지옥으로 보내는 존재는 없다. 믿음이나 종교의식을 통해 생기는 플라시보 효과·피그말리온 효과로 인해 약간의 위안이야 되겠지만, 제물(祭物)이나 기도(祈禱)로써 죄악이 씻기지는 않는다. 붓다가 그렇게 말씀해서 그런 것이 아니라, 세상의 이치가 그렇고 그 이치를 말씀하신 것이다. 조약돌을 물에 넣고 아무리 끓여 봐도 삶은 감자가 되지는 않는다.

　이러한 이치는 누가 만든 것도 아니고, 그렇게 되라고 명령하거나 지시하는 존재도 없다. 바로 자신이 업(業)을 짓는 자이고 과보의 계승자이다. 자기가 지은 업력에 따라 태어나서 악업에 의해 불행하게 되고 선업에 의해 행복하게 되는 것이다. 그리고 업에 따라 죽는다. 그런데 대부분의 중생들은 업에 대한 이해가 부족하고 무지하여 현재 일어나고 있는 좋거나 나쁜 일들이 자업자득(自業自得)의 것임에도 불구하고, 자기의 삶에 어떤 존재〔絶對者〕가 관여하여 자기의 인생을 주관하고 있다고 생각하는 어리석음을 범한다. 이러한 것은 우리가 수행하여 깨달음을 얻어야 하는 이유 중의 하나이기도 하다.

참으로 다양한 욕구가 자기 안에 있다. 문제는 자기 자신이 해결해야 되는 것이다. 그 밖의 신을 말하는 것은 진실을 잘못 본 무지이자 거짓이고 위안을 받고자 하는 아편이다. 행복은 선업이 누적된 결과이고, 불행은 악업이 쌓인 결과이다. 그리고 붓다께서는 직접 악업을 소멸시켜 주시거나 복(福)을 내려 주시는 분이 아니다. 그럴 수 있는 존재는 이 우주 안에도 없고 이 우주 밖에도 있을 수 없다.

붓다는 업(業)과 과보(果報)의 주체가 각자 자기 자신이라는 사실과 선업(善業)을 증장하고 악업(惡業)을 끊어가는 구체적인 방법들을 아주 다양하게 가르쳐 주신 분이다. 우리들은 어느 누구의 조종을 받는 노예나 종〔奴〕이 아니다. 자기의 깨어 있는 능동적인 의지대로 자기의 삶을 엮어가며, 자기가 자신의 주인이 되어야 하는 존재들인 것이다. 불교의 수행은 바로 자기의 이성과 능동적인 의지대로 주인공으로 살 수 있게 하는 일이다.

생로병사로 대표되는 괴로움에는 반드시 근본원인이 있으며, 괴로움은 바로 그러한 원인에 의한 결과이다. 그 원인들은 다름 아닌 인간의 마음 속 깊숙이 자리 잡고 있는 진리에 대한 무지와 그것 때문에 발생하게 되는 욕망과 그 욕망의 실현이 방해받거나 좌절되었을 때 일어나는 증오나 분노이다. 고통은 그것으로 인해 몸의 건강과 마음의 행복이 깨뜨려지기 때문에 부정적인 것이다.

그러므로 수행을 통해서 반드시 고통을 극복해야만 한다. 고름은 아무리 놔둬도 피나 살이 되지는 않는다. 한시라도 빨리 반드시 뽑아내야만 하는 것이다. 수행은 고름과 같은 고통에서 벗어나 진정한 행복을 열어가는 길이다.

행복감 훈련

　인간이 먹이사슬의 최상위에 올라선 것은 그렇게 오래된 일이 아니다. 아주 옛날 우리 인류는 주위에 적들은 들끓고, 초라한 몸에, 보잘 것 없는 감각기능에, 무기와 도구도 형편없고, 먹을 것·입을 것은 부족하고, 주거(住居)랄 것도 없고 … 거의 제대로 된 게 없었던 원시 시대 → 구석기 시대 → 신석기 시대를 거치면서 살기가 너무 힘들었다. 그래서 대부분의 사람들은 늘 생존의 불안에 시달렸고, 삶이란 게 초조와 긴장의 연속이었다.

　그러한 연유로 사람의 마음에는 분노·증오·우울·슬픔 등과 같은 부정적 정서들은 작동이 잘 되지만, 행복감과 같은 긍정적 정서의 작동은 제대로 진화(進化)되지를 못했다. 그러므로 행복해지기 위해서는 자신이 '행복감 훈련'을 따로 열심히 해야 한다. 자기가 스스로 자랑스럽고 대단하고 자기를 보람 있게 하는 긍정적인 마음작용들을 찾아내고, 그런 능력들을 발전시켜야 하는 것이다. 예를 들자면, 남을 돕는 따뜻함·부지런함·희망·자신감·배려하는 마음·용기·화해·용서·참을성 같은 것들이다.

행복해서 웃는 것은 누구나 한다. 좋은 일이 없어도 웃으면 복(福)이 온다. 그래서 부자가 되려면 우선 가난에 찌든 마음부터 없애야 한다. 성공하려면 먼저 부정적인 생각을 털어내야 하는 것이다. 시기하고 질투하는 것·시건방진 것·큰소리치는 것·남을 무시하는 것·욕하는 것 등은 부정적인 정서이다. 부정적 정서는 부정적 뉴런을 강하게 형성시켜서 부정적인 삶을 살게 한다.

고달픈 인생살이, 삶에 쉽게 지쳐버리면 안 된다. 긍정적인 마음을 가지면 살맛이 나고, 삶이 즐거움이 되고, 건강하게 잘 살 수 있다. 긍정적인 마음은 허무와 좌절과 절망을 이기는 힘을 가지고 있다. 자기의 아픔을 아무도 대신해 줄 수 없다. 신앙이나 타인의 공감을 통해 잠시 위로받을 수는 있지만, 완전한 근본적인 해결책이 될 수는 없다. 남을 기대고 의지하고 믿고 신(神)에 대한 신앙으로 위안 받으려고만 들면, 또 다른 문제를 일으킨다. 신도 인간도 믿을 게 못 된다. 자기 자신을 의지하고 믿을 수 있는 존재로 만드는 것이 문제의 근본적인 해결책이다.

빛이 어둠을 없애고 밝은 세상을 만들듯이, 긍정적인 마음은 부정적인 마음을 없애고 인간을 행복하게 만든다. 보시(布施)는 탐욕을 없애고, 지계(持戒)는 분노와 증오를 없애고, 수행은 무지(無知)·무명(無明)을 없애고서 인간을 행복한 존재로 만든다. 이러한 메커니즘이 보시와 지계와 수행이 공덕(功德; 善業)이 되고 행복의 과보를 가져오는 우주의 이치이다.

이와 같이 보시와 지계와 수행을 하는 일은 긍정적인 마음을 커지게 하는 '행복 훈련'이다. 행복이라는 것이 누구로부터 넘겨받을 수 있거나 그저 주어지는 게 아니다. 행복의 조건을 갖춰야 행복해진다.

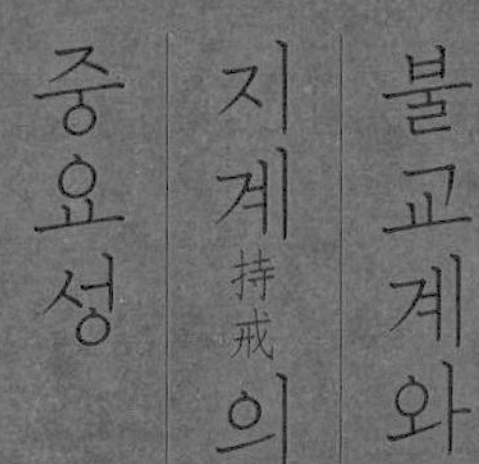

5장

불교계와 지계(持戒)의 중요성

'불교 정화(淨化)'가 아니고
'불교계(佛敎界) 정화'라고 해야 한다

　'불교〔붓다의 가르침〕'는 더럽지가 않으므로 정화할 게 없다. '불교계'를 맑고 깨끗하게 해야 하는 것이다. 지금 한국 불교계는 승려들에게 계행(戒行)이 없어 불보(佛寶)와 법보(法寶)의 이보(二寶)밖에 없다고들 한다. 승려들이 승보(僧寶)의 역할을 제대로 하지 못한 과보이다. 물론 계행을 잘 지키는 반듯한 스님들께는 미리 양해를 구한다.

　우리 불교계가 오염된 원인에는 여러 가지가 있겠지만 그 중에서 몇 가지를 정리해 본다.

　첫째, 승속(僧俗)간에 바른 믿음이 없거나 너무 약하다. 불교의 믿음은 삼보(三寶)와 인과법을 믿는 것인데, 부처님을 믿는다는 것은 '부처님은 완전하게 깨달은 분'이라는 확신을 갖고서 그분을 닮아가는 것이고, 법을 믿는다는 것은 "붓다의 가르침인 4성제(四聖諦)와 연기법(緣起法) 등이 있는 그대로 진리"라는 것을 확신하고 그 가르침을 깊이 공부하는 것이며, 승보를 믿는다는 것은 붓다의 법을 계승한, 교학 능력과 수행력을 갖춘 승려에게 불법(佛法)을 배우는 것을 말한다. 인과법을 믿는다는 것은 업(業)과 업의 결과(業報)를 믿는 것이다. 무엇보다 인과를 믿으면 최소한 악업(惡業)을 짓지 않게 된다.

둘째, 계행이 없는 승려들이 다수가 되다 보니 파계행위에 거의 무감각해져 버렸다. 지계행위는 마음과 몸을 잘 단속하고 간수하는 것이다. 파계행위는 불교를 역행하여 불교계를 오염시키고 승속 양자에 모두 악업을 짓는 일이다. 우리 불교계의 가장 큰 병폐인데, 가장 무거운 범죄 행위인 '4바라이(pārājika) 죄'를 범하는 것은 세속법의 '사형죄'에 해당하는 것으로서 더 이상 승려일 수가 없다. 그러므로 대처승이나 은처승처럼 바라이 죄를 범한 자들은 다시는 승려 행세를 못하게 하고, 불자들은 그들을 '스님'이라고 불러서도 안 된다. 이러한 풍토가 조성되지 않고서는 한국 불교계의 정화(淨化)는 이루어 질 수 없고, 한국불교는 희망이 없다. 대처승이나 은처승들은 '스님'을 사칭하지 말고 '포교사'로 살면서 바른 법을 펴면 된다. 가짜가 진짜처럼 행세하며 대접 받으면서 너무 쉽게 살려다가 세상까지 어렵게 만들고, 스스로도 큰 죄를 짓게 되는 것이다.

또한 막행막식(莫行莫食)을 무애행(無碍行)으로 미화하여 자기의 타락행위를 합리화하고, 막행막식하는 자를 우상화·신비화하여 자기도 수행자입네 도인(道人) 흉내를 내면서 슬그머니 거기에 동승하려는 짓을 해서도 안 된다. 불교의 교조(敎祖)이신 석가모니 부처님께서도 막행막식을 하지 않으셨다. 막행막식은 파계행위로서 승려로서는 범죄행위이지 무애행이 될 수 없다. 승가의 계행이 청정하지 않으면 붓다의 가르침이 이 세상에 오래 머물 수 없게 된다.

일제 강점기 때 일본 불교가 남긴 나쁜 악습과 전통은 빨리 없애 버리는 게 맞다. 일제의 잔재가 아직도 우리 불교계에 남아 있다는 것은 부끄러운 일이다. 지계가 청정해야 깨달을 수 있고, 깨닫게 되면 저절로 지계가 된다.

셋째, 붓다의 정법(正法)에 대한 교학공부와 정법에 의한 수행풍토가 제대로 마련되어 있지 않다. 중국불교를 그대로 인도불교인 줄 잘못 알고 있으며, 중국의 대승불교를 인도의 대승불교가 그대로 전해진 것이라고 믿고 있다. 중국불교가 다 틀렸다거나 불교가 아니라는 말은 결코 아니다. 하지만 한역경전(漢譯經典)으로는 붓다 말씀의 진의(眞意)를 파악하기 힘들다. 그러므로 한역경전만을 통한 불교 공부는 위험하기 짝이 없다. 일단 불교는 인도불교적 마인드(mind)를 만들어서 봐야지, 노장적(老莊的)·주역적(周易的) 사고의 색안경을 끼고서 보면 붓다의 진의가 왜곡되게 된다.

그리고 현재의 한국 불교계에는 자기 자신을 의지처로 만들어 가는 붓다의 가르침에 의한 수행불교가 없다. 수행은 거의 간화선 일색이며, 붓다께서 하시던 수행방법은 찾아보기 힘들다. 붓다께서는 간화선으로 깨달으신 분이 아니다. 육조(六祖) 혜능(慧能) 스님과 조주(趙州) 스님도 간화선을 하신 분이 아니다. 간화선은 송나라 초기에 대혜종고 스님에 의해 창안된 것이기 때문이다. 이제 중국불교의 그림자에서 벗어날 때도 되었다. 노장적·주역적 사고의 허황함에서 빨리 빠져나와야 한다.

넷째, 불(佛)·보살(菩薩)들을 믿고 의지하며 명(命)과 복(福)을 구걸하는 기복불교가 대세이며, 거의 샤머니즘 수준을 벗어나지 않고 있건만 그것에 대한 반성의 기미는 거의 보이지 않는다. 이러한 신행형태라면 붓다께서 이 세상에 오신 의미가 없고, 그 분의 고귀한 가르침은 모두 사장(死藏)되어 버릴 것이다. 무엇보다도 지성인들이나 다른 종교인들이 한국불교를 미신으로 볼 수밖에 없도록 하는 점과 많은 사람들이 불교계를 외면하게 되는 것이 참으로 안타깝다. 또한 이것은 인재들의 출가(出家)를 막는 요인이 될 수 있다. 호법(護法)에 대한 의지가 있고, 법보(法寶)를 보호하는 것이 승속(僧俗) 모두의 책무이다.

그리고 '불립문자(不立文字)'를 "경전(經典)이나 책을 보지 마라"거나 "교학(敎學) 공부는 필요 없다"는 식으로 자기의 무식(無識)을 정당화하는 방향으로 해석을 해서는 안 된다. 그야말로 현재의 한국 불교계는 아기는 내다 버리고 포대기만 업고 있는 것과 같다. 더욱 안타까운 것은 아랫도리에 힘이 없어 아기가 그대로 업혀 있는 줄 알고 있다는 점이다.

이와 같이 현재의 한국불교계는 불교의 본질, 곧 초기불교의 가르침과 너무 멀어졌다. 오히려 힌두교나 샤머니즘에 더 가깝게 되어버렸다. 이러한 점을 명백히 인식하고 우리 불교계는 석가모니의 가르침으로 돌아가야 한다. 불교계의 정화를 위해 되도록이면 최대한 빨리 그렇게 되어야 한다.

다섯째, '문중(門中)'을 해체해야 한다. 화합승단이 되고 수행승단이 되어야지, 문중 중심의 이익집단이나 정치집단처럼 되어서는 안 된다. 외부에 '좋은 절 차지하기'의 세력다툼으로 보여서는 안 된다. 그리고 총무원장도 선거방식으로 뽑을 게 아니라, 추대 방식으로 모셔야 한다. 무늬만 승려인 자, 곧 마왕파순교의 교도들은 불교계에 발을 붙이지 못하게 해야 한다.

절에서 대처승을 내쫓고 그 절을 점령하는 것만이 정화는 아니다. 그들을 교화하여 승려 본연의 모습을 되찾도록 해야 하고, 더 이상 양가득죄(兩家得罪)하지 않도록 하는 것이 진정한 정화일 것이다. 이제 불교계에도 어떤 큰 인물이 나와서 큰 결사(結社)를 통해 큰 개혁이 이루어져야 한다. 그래야 불교계가 정화되고 미래와 희망이 있게 된다.

부모 형제를 떠나 출세간의 도를 구하려고 출가를 했으나 붓다의 정법을 제대로 배울 수도 없고 수행의 원리도 제대로 알 수도 없으니, 교학 공부를 하고 수행을 해도 발전도 없고 변화도 없어 막막해지고 답답해져 좌절하게 되고, 결국 출세간의 길을 포기하고서 승복을 입은 채로 세속의 삶을 살 수밖에 없게 되는 것이다. 교학이든 수행이든 공부 방법을 모르면 의기(意氣)가 꺾이게 되고 편안한 데로 흐르게 되어 있다. 그러나 출가한 승려가 편한 것을 좋아하면 안 된다. 고통 없이는 고통을 마감하고 행복해질 수 없기 때문이다. 고통을 마감시켜 줄 고통은 반드시 겪어야만 한다. 현금(現今) 우리나라 승려들의 토굴생활의 문제점이다. 붓다께서는 고행(苦行)을 통해 해탈하겠다는 '고행주의'를 부정하셨지, 정법에 의한 치열한 정진력의 '고행〔애씀〕'을 부정하신 것은 아니었다.

여섯째, 불사(佛事)를 하더라도 붓다의 법을 위해 불사를 해야지 개인의 이익을 위해서 불사를 하면 안 된다. 절이 없고 불상(佛像)이 모자라서 우리 불교계가 이렇게 된 것은 아니다. 붓다와 불교를 팔아 사업을 하며 의·식·주를 해결하고, 더 지나쳐 사치스럽고 호화롭게 살고자 해서는 더욱 안 된다. 이 나라와 미래의 후손들을 위하고, 나아가 본인을 위해서라도 절대로 그렇게 해서는 안 된다.

이와 같이 우리 불교계에 좋지 못한 풍조가 조성되게 된 것에는 선배 승려들의 잘못이 크겠지만, 그 또한 이렇게 될 수밖에 없었던 더 큰 이유가 있다. 사실 고려시대 중기 이후

로 교학이나 수행과 관련된 불교저술 중에 책다운 책이 거의 보이지 않는다. 교학과 수행의 맥과 전통이 끊어져 버린 것이다. 더욱이 고려 말에서부터 조선시대까지는 교학과 수행의 전통은 거의 없어지고, 우리 불교(界)는 범패(梵唄)와 승무(僧舞)와 같은 의례의식(儀禮儀式)으로써 민중과 애환을 같이 하는 것으로 겨우 명맥을 유지해 왔다.

거기다가 일제 강점기 왜색불교의 '대처승 제도'는 거의 치명타였다. 우리 승단(僧團)이 명(命)이 붙어 있는 것만으로도 다행으로 생각해야 할 판이다. 그러므로 지금에 와서 그 누구를 탓할 수도 없는 노릇이다. 지금부터라도 불자들이 합심해서 우리 불교계를 제대로 정화하여 다시 건강하게 살려내야 한다. 그렇게 되기 위해서 무엇보다도 중요한 일은 왜색의 대처승·은처승들이 교단에 발을 붙일 수 없도록 하고, 참다운 승려들이 계행을 청정하게 지키면서 수행을 할 수 있는 풍토를 조성하는 것이 가장 급선무일 것이다. 첫 단추가 잘못 끼워지게 되면 더 이상은 볼 것도 없게 된다.

석가모니 부처님께서는 간화선으로 대각(大覺)을 이루신 분도 아니고, 무애행이랍시고 막행막식을 하신 분도 아니다. 불교에서 어떤 행위가 바른 법인지 잘못된 법인지의 판

단 기준은 당연히 석가모니 부처님이시다. 붓다의 생애만한 법문이 없다. 모든 것을 다 보여주셨다. 깨달음과 교학 그리고 수행은 그만두더라도 계(戒)마저 못 지키면 불교는 쇠퇴할 수밖에 없다.

승려가 고기를 먹는 것은 파계(破戒) 행위가 아니다. 붓다께서도 금(禁)하는 고기 이외에는 드셨다. 술 한 잔 하고 도박행위를 하는 것도 잘하는 짓은 절대 아니지만, 죄의 무게로 말하자면 그것들은 성행위(性行爲; 帶妻, 隱妻)의 천만분의 일도 안 된다. 본질적인 것은 거론하지 않고 거의 별것 아닌 것에다 초점을 맞춰 '불교계 정화' 운운할 일이 아니다.

이러한 애기들은 '불교'를 비판하는 것이 아니라, 우리 '불교계'의 잘못된 점을 비판하는 것이다. 또 건전하게 '비판'하는 것이지, 냉소적으로 '비난'하는 것이 아니며, 나의 이러한 비판에는 '안타까움'과 '사랑'이 담겨 있다는 점을 이해해 주었으면 좋겠다. 나쁜 행위들도 너무 길어지게 되면, 상황을 돌이킬 수 없게 만든다. 땀 흘리면 될 일을 피를 흘려도 안 되는 수가 생긴다. 하루라도 빨리 고쳐나가야 한다.

비구와 비구니의 목숨은
오직 '불음계(不淫戒)' 하나이다

　바라이(pārājika)는 불교의 계율 가운데 가장 엄하게 제지한 것으로, 비구계에는 살인행위·큰 절도·성행위·대망어(大妄語)의 4종류가 있다. 이 중에서 하나라도 범하면 교단으로부터 파문을 당하게 되고, 금생에 다시는 비구의 신분이 될 수 없으며, 어떤 방법으로도 치유되거나 범계(犯戒)에서 벗어날 수가 없다. 불법(佛法)을 크게 상실하게 된다.

　『마하왁가(Mahāvagga, 율장대품)』에서는 바라이죄에 대해 네 가지의 비유를 들면서 이렇게 말한다. 곧 "머리를 잘린 사람이 몸만으로 살아갈 수 없듯이, 나뭇가지에서 떨어진 시든 잎이 다시 푸르게 될 수 없듯이, 두 조각으로 쪼개진

바위가 다시 붙을 수 없듯이, 끝이 잘린 야자수가 다시 자라지 못하듯이, 바라이죄를 범한 비구는 사문이 아니며, 붓다의 아들이 아니다"라고 언급하고 있다.

위의 네 가지 계율만 어기지 않으면, 어디에 있더라도 머리카락을 길게 하고 승복을 입고 있지 않더라도 비구이다. 그러나 이 네 가지 중에서 한 가지만 어기더라도 삭발을 하고 승복을 입고 있어도 비구가 아니다. 나머지의 죄들은 일정한 형식을 갖추어 참회하면 된다.

불교에서는 어떠한 경우를 막론하고 승려의 성행위를 일체 금하고 있는데, 승려의 삶에서 가장 중요한 것은 오직 이 '불음계(不淫戒)' 하나라고 할 수 있다. 그 외의 세 가지 바라이죄는 계행으로 범할 게 없으며, 승려 생활을 하고 있는 중에 그런 중죄(重罪)를 범할 일은 거의 없기 때문이다.

비구는 생사윤회(生死輪廻)를 두려워하는 존재로서 수행에 전념하기 위해 출가를 하는 것이다. 그리고 생사윤회로부터의 해탈을 목적으로 하는 불교수행의 출발점은 당연히 '불음계'를 지키는 것이다. 왜냐하면 음욕(淫欲)을 극복하지 않고서는 열반을 얻을 수도 없고, 윤회로부터의 완전한 해탈을 성취할 수가 없기 때문이다.

중생들은 음욕(淫欲, 性欲)의 열매이자 씨앗이다

중생들은 부모의 음욕[性欲]에 의해 태어나고, 그들의 음욕은 다시 자식들을 출생케 하는 원인이 된다. 그러므로 음욕이 있는 한 수많은 욕망과 괴로움으로부터 자유롭지 못하고, 그것을 완전히 끊지 않고는 다시 윤회하지 않을 수 없다. 수행은 성욕과의 싸움이고 성욕 다스리기이다.

성욕은 '열반[解脫]의 적(敵)'이며, 수행은 음욕의 뿌리를 제거하는 것이다. 그러므로 반드시 성욕을 다스려야 깨달음을 얻을 수 있다. '32상 80종호'에서 '마음장상(馬陰藏相)'은 성욕의 극복에 의한 몸의 변화를 말한다. 수행처로서 아란야처[고요한 곳]를 강조하는 것도 음욕을 절제하고 이성(異

性)에 대한 생각조차도 최소화하기 위한 것이다. 백골관(白骨觀)도 음욕을 다스리고자 하는 수행법이다.

붓다께서는 『사분율장』에서 "차라리 남근(男根)을 독사의 입에다 넣을지언정 여근(女根)에 대지도 말라"고 강하게 말씀하신 것도 성욕의 단절이 번뇌를 끊는 가장 결정적인 것이기 때문이다. '불음계(不淫戒)'를 지계(持戒)함으로써 음욕을 절제하고, 사마타·위빠사나 수행으로써 음욕을 극복하는 것이 깨달음으로 가는 수행의 궁극적인 관건이다.

모든 탐욕의 밑바닥에는 성욕이 자리 잡고 있다. 수행의 출발과 기반은 지계이고, 그 핵심은 불음(不淫)에 있다. 그러므로 출가자든 재가자든 수행자라면 불사음(不邪淫)이 아니라 불음(不淫)해야 한다. 성행위가 바라이죄에 해당하고 승려로서는 사형(死刑)에 처해지는 것도 생사윤회로부터 해탈을 지향하는 불교로서는 너무나 당연한 일이다.

수행의 원리대로 치열하게 수행해야 몸과 마음의 변화가 온다. 어름하게 대충 해서는 변화가 오지 않는다. 그러한 결정적인 몸의 변화는 성호르몬·신경전달물질·전두엽의 뉴런이 바뀌는 것인데, 그와 더불어 마음의 변화가 있게 됨으로써 삼독(三毒; 탐·진·치)이 사라지기 시작하는 것이다.

이 때 바로 이 '불음계'의 지계행위가 아주 결정적인 역할을 한다.

몸이 변화하면 성욕의 절제와 극복이 어렵지 않게 되며, 거기에는 수행에 의한 고차원의 즐거움이 있다. 몸의 변화를 통해 마음의 변화까지 와서 큰 능력과 희열이 생긴 수행자를 인도에서는 '마니주를 갖게 된 사람'이라 하고, 중국에서는 '여의주를 얻은 사람'이라고 한다. 이와 같이 성욕을 극복한 자가 진정한 승리자로서 자기 자신을 이긴 자이며, 자신의 진정한 의지처가 된 자이다.

마왕 파순의
전략과 전술

　마왕(魔王)이라고 하면 대개 머리에 뿔이 나 있고 털북숭이에다가 퉁방울눈을 가지고, 긴 송곳니에서 피를 뚝뚝 흘리는 괴물 같은 무서운 존재를 생각하겠지만, 그게 아니다. 그리고 지옥에서 죄가 무거운 죄수들을 처절하고도 무자비하게 고문을 하는 그런 존재들의 우두머리 정도로 생각하거나, 항상 싸움을 즐기는 아수라들의 왕을 떠올릴 수도 있겠지만, 그것도 아니다.

　마왕 파순은 인간 세계보다 수승한 욕계천(欲界天), 그 중에서도 가장 위에 있는 욕계천의 제 6천인 타화자재천(他化自在天)에 살고 있는 천신(天神)들의 왕이다. 다른 신(神)

들이 나타내는 즐거운 일들을 자기의 쾌락으로 만드는 데 자재로운 천신들의 왕으로서, 욕계에서는 최고의 행복을 누리는 존재이다.

마왕 파순의 전략은 수행자 싯다르타 보살을 삼계(三界)에 묶어 두고서 성불(成佛)을 할 수 없게 하는 것이다. 보살이 깨달음을 성취하면 타화자재천궁이 온전하기 힘들고, 자기의 영역을 벗어나기 때문에 용납할 수 없었던 것이다. 또 보살이 깨달음을 얻고서 붓다가 되어 법(法)을 굴려 욕망의 굴레에서 벗어나는 자들이 많이 생기게 되면, 욕망의 지배자인 자기 존재의 위상이 크게 흔들리고 초라해지기 때문에, 사전에 보살을 굴복시키기 위해 자기의 모든 군대와 무기를 동원해서 공격하였다.

마왕 파순의 전술은 마지막 번뇌의 뿌리인 성욕(性欲)과 권력욕(權力欲)으로써 보살을 타락시키고 수행을 포기하게 만드는 것이었다. 먼저 자신의 세 딸인 '갈애(渴愛)'·'혐오(嫌惡)'·'애착(愛着)'을 보내 성욕으로 유혹하지만, 번뇌를 거의 멸진(滅盡)시킨 보살은 그 유혹을 잘 극복한다. 다음에는 마왕 파순 본인이 직접 나서서 자신의 천왕 지위를 물려주겠다는 것으로, 곧 많은 욕망을 한꺼번에 성취케 하는 권력욕으로써 유혹하지만, 보살은 그것도 잘 물리친다. 마왕은 패배하여 물러나면서도 보살이 붓다가 되고 큰 가르침을 펴면서 많은 제자들을 이끌고 교단이 형성되면, 그때 자기는 많은 사람들이 깨달음을 얻을 수 없도록 하기 위해 자기의 부하들을 붓다의 교단으로 출가시켜 화합을 깨트리고 정법(正法)을 크게 흐리게 하겠다고 저주하면서 물러갔다. 그러나 보살은 마왕에게 어떤 적의도 품지 않고 오히려 연민을 느끼고 있었다.

마왕을 물리친 보살은 계속하여 선정(禪定)으로 입정(入定)과 출정(出定)을 거듭하면서 여러 가지 신통(神通)을 증득했다. 더불어 위빠사나 지혜를 닦아 수다원·사다함·아나함을 거쳐, 마지막으로 과거의 나쁜 습관과 함께 나머지의 모든 번뇌를 제거하여 아라한이 되었다. 나아가 아라한과를 증득함과 동시에 십력(十力)·사무애해(四無碍解)·사무외지(四無畏智)·육불공지(六不共智) 등의 특별한 공덕, 그리고 알아야 할 모든 것을 아는 지혜인 일체지(一切智)를 얻고서 드디어 삼계의 스승이신 붓다가 되셨다. 붓다, 그분은 이 세상에 가장 큰 가르침을 펴고 가신 현생 인류의 최고의 어른이시다.

나는 가끔 오늘날 한국 불교계를 보면서, 승복을 입고서도 파계 행위를 일삼고, 도(道)에는 관심이 없고 수금(收金)에만 열을 올리고, 패거리를 짓고, 돈과 종교 권력을 탐하는 말썽꾸러기들은 그 옛날 보리수 밑에서 붓다를 저주하며 물러가던 마왕 파순이 우리 불교 교단 안으로 비밀리에 파견한 그의 패밀리(family)들이 아닌가 하는 의심이 든다.

6장

불교佛敎와
불자佛子

절은 불법을 가르치는
학교이다

절은 불법을 가르치는 학교이고, 승려는 불자(佛子)들에게 불법을 가르치는 선생님이다. 그래서 승려는 먼저 계행이 청정해야 하고, 불교에 대해 아는 것이 많아야 하며, 정법(正法)으로 수행을 지도할 수 있는 능력과 자비심(慈悲心)을 갖추고 있어야 한다.

아무나 삭발하고 승복을 걸친다고 제멋대로 승려가 되는 것은 아니다. 3사7증(三師七證)의 증명 하에 계를 받아야 승려가 될 수 있다. 그렇게 정식 절차를 거쳐 승려가 되고서도 노래를 잘 하고, 춤을 잘 추고, 목탁을 칠 줄 알고, 경전 몇 가지를 외우고, 재(齋)를 지낼 줄 안다고 바람직한 승려가 되는 것은 아니다.

승려의 본분사(本分事)는 계(戒)·정(定)·혜(慧) 3학(三學)이다. 출가 승려의 본분사는 벼슬을 하거나 밥벌이나 돈벌이에 있는 것이 아니다. 결단코 의식주를 얻는 방편으로 출가해서는 안 된다. 편하려고 출가를 해서도 안 된다. 만일 그런 이들이 출가하면 본인은 복(福)을 까먹고 불교(계)는 망하게 된다. 승려가 되어서도 수행하지 않으면 재가(在家)와 똑같다. 결코 윤회에서 벗어날 수 없기 때문이다.

출가자의 권위는 수행의 성취를 통해 드러난다. 삭발염의(削髮染衣)하고, 삼배(三拜)를 받는다고 권위가 생기는 것이 아니다. 수행을 통해 밖으로 향하던 마음을 내부로 돌릴 수 있게 되고, 마음이 고요해지고 평온해지면, 노래와 춤 등 바깥의 산란한 것들이 다 싫어지게 된다. 개인의 삶은 유한(有限)하다. 그러므로 정법에 의해 정확한 수행 방법대로 닦아야 한다. 그래야만 깨달음이 가능해진다. 수행자는 진실해야 하고, 수행은 정성스럽게 해야 한다.

불교의 핵심교설인 8정도(八正道)는 해탈로 가는 길이자, 운명을 개척하는 길이다. 마음을 길들이고 고쳐서 나쁜 습성이나 성격을 바꾸게 되면, 운명이 좋은 방향으로 바뀌게 된다. 이러한 가르침이 주(主)가 되어야지 절 짓기와 불상(佛像) 만들기가 불교계 종교 행위의 주류가 되어서는 안 된다. 금(金)이나 은(銀), 돌이나 나무로 짓고 만드는 성전(聖殿)은 종교적 상징물일 뿐 그렇게 대단한 물건이 못 된다. 자기 자신의 몸과 마음을 성전으로 만들어야 하는 것이다.

'지혜(智慧)와 자비(慈悲)의 붓다'라는 말처럼, 승속(僧俗)을 막론하고 불자들은 지혜를 성취하고 자비를 실천할 수 있게 되어야 한다. 그렇게 되기 위해서는 공부와 수행이 뼈와 살에 박혀야 한다. 그래야 늙어서도 보통 노인으로 되돌아가지 않게 되고, 죽을 때도 수행을 하면서 죽을 수 있게 된다. 계행(戒行)의 힘과 수행(修行)의 힘이 있어야 임종을 잘 맞이할 수 있다. 죽음은 이번 생(生)의 마감이지, 이 세상과의 영원한 이별이 아니다. 죽는 것은 아주 없어지는 게 아니라, 다른 세계로 가는 것이다. 생사윤회(生死輪廻)는 단절됨이 없어서 붓다나 아라한이 되어 완전한 해탈을 이루기 전에는 윤회를 거듭할 수밖에 없다. 좋은 공덕이 좋은 윤회를 있게 한다.

궁극에는 생사윤회로부터 해탈하자는 가르침이 불교이다. 자기가 좋아하고 사랑하는 것들을 잃지 않고 더 많이 소유하고자 비는 기복적인 기도는 그런 것들을 놓아 버릴 줄 모르는 중생들이 사는 모습이다. 그런 중생들의 탐욕과 애착에 더욱 불을 지르고 연료를 공급하는 짓은 붓다의 가르침과는 반대로 가는 것이다. 그러한 갈망은 결코 충족될 수 없다. 다만 고통의 원인이 될 뿐이다. 모든 이들이 탐욕을 품고 그것을 이루기만을 원하더라도, 그러한 탐착을 멈추거나 벗어나게 해야지 그것에 동조를 하고 부추기는 행위는 마왕(魔王)의 패밀리(family)들이나 하는 짓이다.

지금부터는 절에서 사주팔자(四柱八字)를 보고, 결혼일이나 이사하는 날을 잡아주고, 부적을 쓰고, 재 지내고, 기복적인 기도에만 관심을 기울이는 유치한 짓을 그만두고, 보시와 지계의 공덕을 쌓게 하고 수행을 통해 탐착을 내려놓는 해탈의 길을 일러주어야 한다. 아무리 기나긴 시간이 걸리더라도 정법(正法)의 길을 가야 하는 것이다.

붓다 45년간 설법(說法)의 정수

붓다께서는 45년 동안 5온(五蘊)·12처(十二處)·18계(十八界)·4성제(四聖諦)·12연기(十二緣起) 그리고 수행법 등 수많은 설법을 다양하게 설파하셨지만, 결국 그 내용은 '행복'에 관한 것으로 자기 자신을 위한 가장 좋은 길에 대한 말씀이었다. 붓다께서는 인과법과 윤회사상을 바탕으로 하여 행복의 성취방법에 대하여 구체적으로 말씀해 주셨다.

1

보시(布施)의 공덕과 지계(持戒)의 공덕으로 부귀한 인간이나 욕계(欲界)의 천신(天神; 하늘님)으로 태어나며, 의·

식·주의 풍요로움에 의한 오욕락(五欲樂)의 행복을 누리게
된다.

2

사마타(samatha; 止) 수행의 공덕으로 산란(散亂)을 잠재
워 본삼매(本三昧, 禪定)를 얻고, 죽어서는 색계(色界)의 천
신이나 무색계(無色界)의 천신으로 태어나서 선정(禪定, 三
昧)의 즐거움, 곧 고요함과 평온의 행복을 아주 오랜 세월
동안 누리게 된다.

3

위빠사나(vipassanā; 觀) 수행의 공덕으로 무루(無漏)의 지
혜를 얻어 번뇌와 업장(業障)을 제거하고 열반을 체득하여
생사윤회로부터 해탈의 문으로 들어서게 되는데, 이것이 최
상의 행복으로 가는 길이다.

붓다께서는 이와 같이 부귀한 인간의 행복과 욕계 천신의
행복과 색계·무색계 천신의 행복, 그리고 열반의 행복이라
는 4가지의 행복을 말씀하셨다. 이러한 행복들은 자기가 원

한다고 저절로 이루어지지 않으며, 반드시 그 원인이 되는 공덕을 닦아야 한다. 빌면서 구걸한다고 해서 되는 것도 아니며, 그것이 성취되는 정확한 바른 방법대로 실천하고 수행해야 되는 것이다. 어느 특정 종교에 대한 신앙이나 기도 그리고 신(神)의 문제가 아니라, 사람의 일이고 자기가 닦은 공덕(善業)의 문제이다. 요약해서 말하자면, 행복의 성취 방법은 공덕 곧 선업을 쌓는 일이다.

보시 공덕은 의·식·주의 풍족함을 가져오고, 지계 공덕은 청정함과 당당함(떳떳함)을 가져오며, 사마타 수행의 공덕은 깊은 선정 곧 본삼매에 의한 고요함과 평온함을 가져오고, 위빠사나 수행의 공덕은 지혜에 의한 열반·해탈의 과보를 가져온다. 보시와 지계의 공덕은 빌지 않아도 그 과보가 있게 되지만, 출세간의 깨달음은 수행을 서원(誓願)해야만 그런 인연을 만나게 된다. 그 누군가가 주는 행복이 아니고, 베푸는 마음(布施)·청정한 마음(戒)·수행이 된 마음(定, 慧)이 저절로 만들어 불러들이는 행복이다. 스스로 짓고 스스로 받는 게 행복인 것이다.

인간의 행복과 욕계 천신(天神; 하늘님)의 행복의 차이는 의·식·주의 완비 정도와 수고로움의 있고 없음, 그리고 본인의 노력의 필요성과 원하는 대로 이루어지는가 하는 데 있다. 욕계의 천신은 정미(精微)로운 영양분만을 섭취한다. 그래서 욕계천에는 음식이나 변소 그리고 의사(醫師) 등이 없다. 색계·무색계의 천신(天神)은 한 대상에 마음을 집중하는 선정력(禪定力)에 의해 태어나며, 음식을 먹을 필요가 없고 선정(三昧)의 기쁨의 힘으로 살아간다. 위빠사나 수행은 마음의 집중(禪定)과 대상의 관찰(智慧)을 동시에 닦는데, 이 수행을 통해 무루의 지혜를 얻어 열반을 증득하고 나아가 생로병사로부터 완전히 벗어난 해탈을 성취하게 되는데, 이것이 최상의 행복이다.

　『천수경(千手經)』에서 "무상심심미묘법(無上甚深微妙法) 백천만겁난조우(百千萬劫難遭遇)"라고 했다. 무상심심미묘법은 불법(佛法)인데, 붓다의 가르침이자 붓다가 되는 방법이다. 이러한 붓다의 법은 만나기가 너무나 어렵다는 말이다. 붓다의 가르침은 심오하고도 섬세하여, 그 수승한 가르침을 이해하기란 쉽지 않다. 현생 인류의 최고의 천재(天才)께서 목숨을 걸고 깨달은 내용이 쉬울 리 없다.

　절에 다니고 염불을 하고, 기도하고 주문을 외우고, 삼천배를 하고 '이 뭐꼬?' 등 화두를 든다고, 나아가 삭발염의하여 출가한다고 해서 불법을 만난 게 아니다. 인도나 스리랑

카, 티베트, 미얀마나 태국에 간다고 불법을 만나게 되는 것도 아니다. 또 경전을 읽고 쓰고 외운다고 되는 것도 아니며, 정법(正法)을 모르는 자들의 법문을 듣고 가르침을 받아 봐야 되지도 않는다. 그러나 정법을 구하겠다는 바른 생각을 가지면 금방 되지는 않더라도, 결국 정법을 공부할 기회를 잡게 된다. 붓다의 정법을 알고 실천하지 않으면, 영원히 고통으로부터 해탈할 수 있는 기회는 없다. 붓다의 가르침을 알고 실천하는 사람이 불자이다. 붓다의 정법을 만나고 그것에 대한 믿음이 확고해서, 그것을 실천해 가는 사람을 올바른 불자라고 한다. 올바른 불자에는 세 부류가 있다.

1) 초급불자: 업(業)과 그 과보에 대한 인과법을 믿는 불자이다. 악업(惡業)을 짓는 일이 거의 없어지게 된다.

2) 중급불자: 위빠사나 수행으로 유루(有漏)의 반야[正見]를 얻은 불자이다. 자주자주 무상(無常)·고(苦)·무아(無我)를 보고, 점차로 전도(顚倒)되지 않은 삶을 꾸려가게 된다.

3) 고급불자: 수행을 통해 무루(無漏)의 반야를 얻고 열반을 성취하여 도(道)와 과(果)에 이른 불자이다. 탐진치 3독을 소멸시켜 깨달음을 얻은 성인(聖人)을 말한다.

불자(佛子)는 '붓다의 아들' 또는 '붓다의 자식'이라는 말인데, 그러면 붓다를 닮아 가야지 붓다에게 구걸해서는 안 된다. 호랑이 새끼가 호랑이를 닮아 가야지 고양이를 닮아 가서야 되겠는가? 붓다를 닮아 가는 것이 수행이고, 수행은 붓다의 마음과 삶의 태도와 방식을 배우고 익히는 것이다.

바른 법을 구하게 되면 인식의 구조와 삶의 양식이 달라진다. 자기 밖에 붓다라는 대상을 세우고 그것을 신앙하면서 구제의 손길을 내미는 것이 아니라, 붓다는 완전하게 깨달은 분이며 그분의 말씀은 진리라는 확신을 가지고 그분의 가르침대로 깨달음을 추구하는 자와 그리하여 깨닫게 된 자가 바로 '바른 불자'이다.

인생살이에서 수행을 빼면, 그 나머지는 모두가 산란하기 그지없는 '욕망의 게임'일 뿐이다. 욕망의 허기를 채우기 위해 끝없이 대상을 갈구하고, 충족의 결핍에 대한 위안을 받기에만 급급한다면, 결코 불행을 면할 수 없다. 붓다의 바른 법을 만나면 그날부터 삶이 달라지고 행복해진다. 자기와 자기의 본성을 볼 수 있기 때문에 지구에 혼자 남더라도 외롭지 않고 흔들리지 않는다.

빨리어 『법구경』의 제 5장 64게송은 다음과 같다.

어리석은 사람은 평생을

지혜로운 사람과 함께 살아도,

그는 절대로 진리를 알지 못한다.

마치 국 맛을 모르는 국자처럼.

불법(佛法)이 절에만 있는 게 아니어서, 불자(佛子)가 되
었더라도 붓다의 정법(正法)을 만나기는 참으로 어렵다. 우
리나라 불자들의 대부분은 이 게송의 내용에서와 같이 아무

리 국솥을 들락거리지만 국 맛을 모르는 국자처럼, 수십 년
을 절에 들락거리지만 전혀 불법의 맛을 모르는 '국자 불자'
들이다.

그들의 신행활동을 보면 욕계의 것들만 추구한다. 자기
와 자기 가족들의 행복만을 빈다. 붓다가 무슨 말씀을 하셨
는지, 남기신 메시지가 무엇인지는 모르기도 하려니와 아예
관심도 없다. 자기와 자기 가족만 잘 되면 그만이다. 그들에
게 붓다는 복(福)을 나눠주러 다니시는 산타클로스이고, 병
을 고쳐주러 다니시는 순회의사(巡廻醫師)이고, 자기들이 힘
들 때 위로해 주는 위안부이다.

세간의 행복은 그저 달콤한 고통일 뿐이다. 돈을 많이 번
다고 부자가 되는 게 아니다. 그저 남들보다 조금 쉽게 밥
먹고 사는 거다. 재벌의 회장이면 뭣하나? 그 재산들을 못
가져간다. 또 대통령이 되어 보면 뭣하나? 그리 살면 갈 곳
이 뻔한데….

돈과 버슬이 소중하고 귀하지만 인생의 목표가 되어서는
안 된다. 불자의 인생 목표는 열반이어야 하고, 나 혼자 가
는 게 아니고 다 함께 갈 수 있도록 해야 한다.

빨리어 『법구경』의 제 5장 65게송은 이러하다.

현명한 사람은 잠깐 동안이라도
지혜로운 사람과 함께 한다면,
그는 진리를 깊이 있게 잘 이해한다.
마치 혀가 국 맛을 알아내는 것처럼.

불자라면 어느 나라의 불자이든 혀가 국 맛을 아는 것처럼, 불법의 맛을 아는 '혀 불자'가 되어야 한다. 복(福)을 달라고 부처님께 빈다고 복이 주어지는 게 아니다. 행복의 조건을 갖춰야 행복해지는 것이다. 승려나 신부나 목사의 기도로 일이 잘 되는 것이 아니다. 자기가 쌓아온 공덕 때문에 일이 잘 풀리게 되는 것이다. 세간적으로 대통령이 되고 큰 부자가 되는 것도 그들의 공덕에 의한 과보이므로, 부러워할 필요도 없고 시기하고 질투할 이유도 없다.

천신(天神; 하늘님)들이 누리는 겁(劫)의 행복도 별 것 아니라는 가치관이 불교의 위대함이다. 그러므로 세간의 부귀영화에 집착할 것이 없다. 오히려 그것들이 출세간(出世間)의 가치 있는 공부에 장애가 될 수 있다. 금생(今生)은 힘들게 얻은 기회이다. 인간의 몸을 받아서 할 수 있는 가장 고귀한 행위가 수행이다. 수행을 하면 힘이 생기고, 인식이 선명해지며, 행복해진다. 그래서 수행의 체험이 아주 소중한 것이다.

하지만 수행은 의·식·주의 문제를 해결하는 것과 같은 그런 종류의 기술이 아니다. 붓다의 마음과 삶의 태도를 배우고 익히는 것이다. 그리하여 불자라면 수행을 통해 병든 것·가난한 것·시집 장가 못 간 것·이별 등 생존에 대한 불안 그리고 애정과 물질의 결핍에 의한 상처들을 수행의 밑거름으로 삼아 오히려 그것들을 복덕(福德)이 되게 해야 한다. 더 나아가 진정한 불자라면 세간적 복덕만이 아니고 반드시 무루의 지혜를 성취해야 한다. 그래야만 윤회로부터 해탈을 기약할 수 있게 되기 때문이다.

불교의 교과서는
자기의 몸과 마음이다

　불교는 수행체계이고, 불교의 불교다움은 초기불교의 수행에 있다. 불교의 경전은 수행의 결과이며, 깨달음의 내용을 담고 있는 문자사리라고 할 수 있다.

　그러므로 자기의 몸과 마음에서 불교의 섬세한 내용들을 구체적으로 찾아내는 것이 살아 있는 불교 공부라고 할 수 있다. 불교를 공부하면서 수행을 해 보지도 않고 수행 원리를 파악하고 있지도 못하다면, 생물학도가 『생물도감』으로만 생물공부를 하는 것과 같고, 의대생이 『해부학』 책을 보는 것만으로 수술 공부를 마치고 의사가 되려고 하는 것과 같다. 그러한 일들은 죽은 생물 공부이고, 사람을 죽이는 의

사가 되려는 것과 다르지 않다.

붓다께서는 치열한 수행을 통해 가장 많은 법(法)을 자세하게 관찰하신 분이다. 관찰하는 수행인 위빠사나 수행의 대상은 자기의 몸과 마음이며, 그것들을 통해 실재(實在)의 법을 보게 된다. 그리고 나의 법을 관찰하면, 남의 법도 알 수 있다. 곧 나를 정확하게 보는 것이 남을 이해하게 되는 길이 된다.

나의 정신과 물질이 '자아(自我)'라고 생각하는 오온(五蘊)인데, 위빠사나 수행의 대상에서는 신(身)·수(受)·심(心)·법(法)의 4념처(四念處)가 된다. 정신과 물질은 그들의 인연에 따라 생멸을 거듭하는 원인과 조건의 연속일 뿐, 자기 마음대로 되지도 않고 실체가 있는 것도 아니다. 몸과 마음도 무상한 것이고, 괴로운 것이며, 무아인 것이다. 이와 같이 그것들의 본성(本性)이 무상(無常)·고(苦)·무아(無我)이고, 이러한 성품을 보는 것이 정견(正見, 지혜)이다.

위빠사나 수행을 통해 얻게 된 지혜로써 자기의 몸과 마음이 무상·고·무아라고 작의(作意)하면서 3해탈(三解脫)을 얻는다. 그리고 4념처를 대상으로 하며 3법인(三法印)을 봄으로써 '영원하다'·'행복하다'·'자아가 있다'·'몸이 청정하다'는 4가지의 전도된 생각을 버리게 된다. 이와 같이 3해탈을 얻고 4전도를 버리는 것이 출세간도(出世間道)의 해탈에 접근하는 통로이며, 완전한 해탈의 관문이다.

자기를 정복하는 것과 한 나라를 정복하는 것 중에서 무엇이 대단한 것인가? 불자가 해야 할 일은 진리를 배우거나 관념으로 만나는 것이 아니라, 바로 자기 자신의 몸과 마음에서 진리를 발견하는 일이다. 그래야 인품(人品)의 변화가 생긴다. 진정한 불자는 자기의 몸과 마음을 다스릴 수 있어야 한다.

번뇌의 뿌리

　'진화(進化) 생물학(生物學)'에 의하면, 입〔口〕과 성기(性器)에 해당하는 기관만이 주(主)된 기관이고, 그 이외의 눈·귀·코·혀·팔·다리·몸통·장기·날개·지느러미 등의 기관들은 모두 보조기관에 불과하다고 한다. 인간의 복잡한 두뇌도 단지 먹이와 배우자〔짝〕와 적(敵) 등에 대한 정보 수집을 위해 발달한 기관으로서 그 또한 생존과 번식을 위한 보조기관일 뿐이라고 한다.

　'진화 심리학(心理學)'에 의하면 인간의 이성(理性)은 신(神)이 인간에게 특별히 부여한 것이 아니라, 인류가 언어를 사용하게 되면서 말싸움, 곧 논쟁에서 이기기 위해서 발생한 것이라고 하니, 학자들이 그동안 인간에 대해 어지간히 많이 밝혀냈다는 생각이 든다.

그렇다면 인간이 추구하는 감각적 쾌락 곧 오욕락(五欲樂)을 있게 하는 욕망 중에서 식욕과 성욕이 주된 욕망이고, 그 외의 수면욕·재물욕·명예욕 등은 이 두 욕망을 위해 있는 것이라고 볼 수 있겠다.

아집(我執, 我相)도 식욕의 충족을 통해 자기의 생명을 계속 이어가겠다는 생존 욕구에서 생긴 것일 테고, 세상의 현상들은 무상(無常)하기에 태어나면 반드시 죽게 되므로 자기의 유전자를 남겨 자신과 유사한 생명체를 통해서 생명을 이어가겠다고 종족 보존의 욕구로서 성욕이 있게 된 것이리라.

모든 생명체들이 이러한 욕망의 충족에 혼신의 정성을 다해서 노력하고 있으니, 우주의 음모 곧 자연의 전략은 참으로 놀라운 것이다.

이와 같이 모든 번뇌는 생존과 번식으로부터 비롯된다. 무명(無明)과 갈애(渴愛)가 윤회의 원인인데, 생존 욕구로부터 '자아'가 있다는 무명이 자리 잡고 번식을 위해 갈애가 있게 된 것이다.

불교는 이러한 생사윤회의 원인들을 소멸시켜 다시는 어떤 생명체로도 태어나지 않겠다는 무서운 가르침이다. 태어나지 않으면 늙고 병들고 죽게 될 고통은 생기지 않을 것이므로, 이것이 생사문제의 해결 방법이다. 한 번 태어난 생명을 영원히 유지하겠다는 것이 아니다. 영생(永生)에 대한 생각과 집착은 어리석음일 뿐이다. 붓다가 되고, 아라한이 되는 것이 진정한 영생의 길이다.

탐(貪)·진(瞋)·치(癡)의 개념 정립에 대한 새로운 시도

오늘날 크게 발전하고 있는 '진화 생물학'과 '진화 심리학' 등을 바탕으로 하여, 근본번뇌인 탐·진·치의 개념에 대해 좀 더 새로우면서도 구체적으로 접근해 본다.

1) 탐욕(貪欲)

욕망의 주체가 욕망의 대상을 끝없이 갈구하고, 그러한 대상을 통해서 욕망을 충족시켜 얻게 되는 감각적 쾌락을 계속하여 추구하고자 하는 마음작용이다. 쾌락을 주는 대상을 자꾸 원하고 집착하는 탐욕에는 크게 다섯 가지가 있으며, 생존을 위한 식욕과 종족 보존을 위한 성욕이 가장

주(主)가 되는 근본 욕망이고, 수면욕·재물욕·명예욕은 식욕과 성욕을 위한 부차적인 보조 욕망이다. 그리고 권력욕은 다섯 가지 욕망의 충족을 한꺼번에 해결하려는 복합적이고 종합적인 욕망이다. 생존과 이성(異性)을 향한 욕망보다 더 강렬한 욕망은 없다. 윤회로부터 해탈하기 위해서는 반드시 지계(持戒)가 청정해야 하고, 수행을 해야만 하는 이유가 여기에 있다. 물론 또 다른 분류방법인 오근(五根)이 각각의 대상에 집착하여 일으키는 색욕(色欲)·성욕(聲欲)·향욕(香欲)·미욕(味欲)·촉욕(觸欲)으로 나누는 오욕(五欲)도 내용에 있어서는 이러한 개념의 정의와 다를 바가 없다.

2) 진에(瞋恚)

탐욕의 충족을 방해 받거나 좌절이 되었을 때 일어나는 방어적이거나 공격적이며 파괴적인 마음 작용이다. 다시 말해 불쾌한 대상을 받아들이고 싶지 않아 반발하며 밀어내고 배제시키려는 마음 작용인 것이다. 주로 탐욕의 대상으로서 먹이와 배우자를 두고 경쟁하는 적을 물리치거나 그것들을 획득·방어하기 위해 일으키든가, 적에게 패배하여 좌절되었을 때 일어나는 마음 작용이다. 증오·분노·질투·투정·

후회·긴장감·우울·원한·슬픔·자학·울음·쓸쓸함 등의
부정적인 정서들이 여기에 속한다.

3) 우치(愚癡; 無知, 無明)

욕망의 주체와 그 대상 모두가 인연 따라 생멸하는 무상
한 것이며, 충족될 수가 없어 고통스러운 것이며, 영원불변
의 고정된 실체가 없는 것으로서 집착할 만한 성질의 것이
되지 못한다는 것을 모르는 마음 작용이다. 결국 연기법을
모르고, 사성제(四聖諦)를 알지 못하는 것이기도 하다. 우치
심(愚癡心)은 탐욕과 진에의 근본 원인이 되는 마음 작용으
로서, 두 마음 작용은 이 우치심에서 비롯된다.

수행하는 입장에서는 바로 지금 이 순간의 몸과 마음에
서 일어나고 있는 정보들을 알아차림 하지 못하거나, 정보
의 본질을 알지 못하는 것이다.

이러한 삼독(三毒)의 근본번뇌들은 감관을 통해 얻은 정
보와 자극에 반응하고 대응하는 가장 강한 에너지의 마음
작용이다. 근본 번뇌의 또 다른 종류들인 '자만심(自慢心)'은
탐욕과 관계가 깊고, '회의적(懷疑的) 의심(疑心)'과 '악견(惡
見)'은 넓은 의미에서 우치심에 속한다고 볼 수 있다.

중생과 성인의
다른 점

중생, 업력을 쌓아가며 윤회를 거듭하다

중생(衆生)이라는 말은 '뭇 생명체들'이라는 의미가 아니라, '삶[生]을 수없이 거듭했다[衆]'는 뜻이다. 복수의 개체를 지칭하는 술어가 아니고, "어떤 한 개체가 사실은 수없이 윤회를 거듭한 존재이다"라는 의미의 측면을 강조하여 나타내는 용어인 것이다. 그러므로 중생이라는 용어에는 각 생명체들은 "이번 생이 결코 처음이자 마지막이 아니다"라는 의미가 내포되어 있다.

이러한 중생들은 탐욕의 힘으로 살아간다. 의·식·주·성(性)의 생활을 통해 보고 듣고 냄새 맡고 먹고 마시고 느끼고 생각하는 거의 모든 것이 욕망을 축(軸)으로 하여 이루어진다. 생존 욕구와 종족 보존의 욕구를 바탕으로 하여 자신의 생존과 종족 보존을 위해 오욕(五欲)을 최대한으로 충족시켜 조금이라도 더 오욕락을 탐닉하며 사는 데 안간힘을 쓰면서 그런 일에 일생을 바친다.

그들은 세간의 행복이 달콤한 고통인 줄을 모른다. 인연의 이치를 모르기에 중생들의 일상(日常)은 탐·진·치의 번뇌로 해서 대상에 매인다. 이와 같이 중생들은 육근(六根)을 통해 대상인 육경(六境)에 부딪힐 때마다 3독(三毒)의 번뇌를 일으키는 존재들이다. 그리하여 3독심에 의한 업력(業力)을 매일매일 쌓아가므로 다음 생에 사람의 몸을 받기가 매우 어렵게 된다.

물론 많은 중생들이 가끔씩은 자기와 가까운 사람이 죽었을 때 무상(無常)을 느끼고, 몸이 아프거나 고민이 생겼을 때 고통을 알기도 하지만, 그건 잠시뿐이고 대개 삼법인〔무상·고·무아〕을 외면하고 산다. 삼법인을 깨닫지 못하기에 집착의 울타리에 갇혀 도대체 무엇이든 내려놓을 줄을 모른다. 기약 없이 윤회하는 존재로서, 어느 세월에 해탈하게 될지 전혀 알 수 없는 존재들이다.

성인, 번뇌에서 벗어나 평온을 누리다

성인(聖人)은 열반을 증득하여 깨달은 자로서, 그들은 수행의 힘으로 살아간다. 일상생활에서 마음 상태나 의도가 고(苦)를 일으키는 쪽으로 흐르고 있는지, 자신과 상대방을 평화로움 속으로 이끄는 쪽으로 흐르고 있는지 관찰하면서 살아간다. 육근(六根)을 통해서 육경(六境)을 만날 때마다 '사띠(sati)를 확립[알아차림·늘 깨어 있음]'하므로 탐·진·치의 번뇌로부터 멀리 벗어난 사람이다. 그래서 남은 번뇌와 업력을 매일매일 소멸시켜 가는 방향으로 삶을 영위한다.

연기(緣起)의 이치를 깨달아 사물에 집착하지 않으므로, 법의 맛을 느끼면서 마음의 평화와 자유를 누린다. 항상 계·정·혜가 청정하다. 지혜와 자비심을 가지고 남의 기쁨을 함께 하면서, 세상 일이 마음대로 안 되더라도 인연에 의한 과보인 줄을 알고서 평온한 마음으로 그것을 수용한다.

언어의 틀을 부수고 개념의 올가미를 걷어내어 대상을 있는 그대로 보고 바로 만날 수 있게 되므로 실상(實相)을 본다. 일상의 봄·들음에서도 신비(神秘)를 볼 수 있고, 항상 사색하며 사물의 깊이와 풍요로움을 알고서 이치에 맞는 삶을 꾸려간다. 몸과 마음이 건강해서 번뇌가 일어나지 않으며, 매순간 일어나는 현상들마다 삼법인(三法印)을 알고서 무집착으로 반응한다. 결코 4악도(四惡道)에 떨어지는 법이 없고, 이미 완전한 해탈이 보장되어 있다.

그리고 승려가 바로 승보(僧寶)는 아니며, 승보는 4향 4과를 성취한 이러한 성인(聖人)을 가리키는 용어인데, 이미 인간과 천상의 속박에서 벗어난 존재이다.

그러므로 비구와 비구니는 삼계(三界)에서 생사윤회의 고통으로부터 해탈을 추구하는 존재, 곧 깨달음을 성취하여 성인이 되는 수행을 이상(理想)으로 하여 생활하는 존재이므로, 가치적으로는 이 세상에서 가장 높은 존재라고 하는 것이다. 출가를 했더라도 열반의 체득(體得)을 추구하는 출세간(出世間)의 삶을 지향하지 않고, 의식주(衣食住)를 추구하는 세속적인 생활을 영위한다면 하등 높을 게 없는 것이다.

깨달음의 필요조건과 충분조건

깨달음의 필요조건

첫째, 삼보(三寶)에 대한 신심(信心)과 인과법에 대한 믿음이 있어야 하며, 지계(持戒)가 청정해야 한다. 신심과 지계는 수행의 시작이다. 수행은 테크닉[기술]에 있지 않고 신심과 지계에 있다.

둘째, 인생, 특히 생사(生死) 문제에 대한 깊고도 치열한 철학적 고뇌가 있어야 한다. 삶에 대한 철저한 문제의식과 심오한 철학적 고뇌가 없으면 목숨을 걸고 치열하게 수행을 오랫동안 계속할 수가 없고, 깨닫고서도 남에게 훌륭한 스승이 될 수도 없다.

셋째, 중생에 대한 깊은 자비심이 있어야 한다. 자비심은 원력(願力)과 수행력을 키워가는 바탕이 된다.

넷째, 세속을 완전히 포기하고 출세간의 길을 갈 것을 굳게 서원해야 한다. 세간살이를 등지고 세속과의 인연을 끊는 것이다. 세속의 삶을 떠나는 것이 수행의 준비를 마치는 것이 된다.

다섯째, 깨달음에 철저하게 생사[목숨]를 걸어야 한다. 깨닫기 위해서는 목숨을 건 정진력이 필요하다. 왜냐하면 수행을 통한 해탈의 성취는 '다시 태어나지 않는 것〔不受後有〕'을 목적으로 하기 때문이다.

깨달음의 충분조건

첫째, 붓다의 정법(正法)을 만나고, 계행이 청정하고 경전에 근거가 있는 정확한 수행 방법을 알고 있으며, 수행 원리를 잘 파악하고 있는 훌륭한 스승의 수행 지도가 있어야 한다.

둘째, 8정도〔三學〕를 갖춘 위빠사나 수행을 통하여 5력(五力)의 균형과 조화가 이루어져야 한다. 그래야만 무루(無漏)의 반야를 얻어서 그 대상이 되는 열반을 체험하고 도(道)와

과(果)를 성취하여 해탈하게 된다. 물론 전생에 수행의 공덕을 쌓은 것이 있으면, 깨달음을 얻는 데 아주 유리하다.

결가부좌를 하고서 4~5시간 동안 꼼짝하지 않고 불편함이 없이 앉아 있을 수 있는 것이 본격적인 수행의 필수조건이다. 온 몸 어딘가 걸리거나 막히는 곳이 있으면 집중력이 생기지 않는다. 한두 시간 만에 앉고 서기를 반복해서는 선정력(禪定力)이 쌓이지 않아 깊은 삼매에 들어갈 수가 없고, 큰 삼매력을 길게 가져갈 수 없으면 반야를 얻을 수도 없고, 열반을 성취하여 깨달음을 이룰 수가 없다.

결가부좌를 하고서 최하 4~5시간 이상 몸을 움직이지 않을 수 있어야 삼매가 깊어지면서 마음이 고요해지고 비로소 수행에 탄력이 붙으면서 발전이 있게 된다. 참고로 붓다께서는 보리수 밑에서 죽음을 각오하고 앉아서 지(止)·관(觀) 수행을 통해 대각(大覺)을 성취하시던 날, 기록상으로 보면 거의 18시간 동안을 미동(微動)도 없이 앉아 계셨다.

수행하는 중간 중간에 법의 맛을 알게 되고, 다른 세계에 대한 체험이 있어야 한다. 그렇지 않으면 수행에 대한 의기가 꺾여 수행을 계속할 수가 없게 되고, 타성에 젖어 수행처에 앉아는 있어도 내용상으로는 '극기 훈련'의 수준을 넘어

설 수 없게 된다. 수행은 몸과 마음을 청정하게 하는 작업이다. 몸과 입으로 악업(惡業)을 짓지 않아야 청정한 몸이 되고〔持戒〕, 마음에 번뇌가 없어야 청정한 마음이 된다〔禪定, 智慧〕.

'붓다의 생애'를 주의 깊게 살펴보면, 깨달음의 필요조건과 충분조건을 알 수 있다. 깨달음의 필요조건과 더불어 충분조건을 갖추게 되면 자연적으로 깨달아지게 된다. 깨달음은 탐욕의 대상이 될 수 없기에 자기가 깨닫고 싶다고 해서 그렇게 되는 게 아니다. 대구에서 서울로 가려면 말머리를 북쪽으로 향하게 해 놓고 채찍질을 해야지, 동쪽으로 해 놓고 채찍질을 해대면 열심히 할수록 목적지와 더욱 멀어지게 되고 결국은 동해(東海)에 빠져 죽게 된다.

원인에 조건이 갖추어져야 거기에 상응하는 결과가 있게 된다. 깨달음의 필요조건과 충분조건이 갖추어지지 않으면, 깨닫게 되는 게 이상하지 깨닫지 못하는 것은 하나도 이상할 게 없다. 모래를 쪄서는 밥을 지을 수 없다.

7장

중요한 게송偈頌들

무상게(無常偈)

제행무상(諸行無常) 시생멸법(是生滅法)
생멸멸이(生滅滅已) 적멸위락(寂滅爲樂)

인연에 의해 만들어진 것들은 영원하지 않으니,
일어났다가 사라지는 것들이다.
(이러한) '일어남 – 사라짐'이 끝나버린
적멸〔涅槃〕이야말로 최상의 행복이다.

무상게는 초기불교 이후 대승불교가 일어나기까지 불교
의 아주 중요한 게송 중의 하나이다. 내용적으로는 '제행무상'과 '열반적정'의 법인(法印)을 말한 것으로 해탈의 찬가(讚歌)이다.

몸과 마음에 일어나는 것들은 모두 비자각적(非自覺的) 의지를 담고 있다는 점에서, 몸과 마음에 일어나는 것들이 인연화합(因緣和合)한다는 점에서 '제행(諸行)'이다. 몸과 마음은 찰나생(刹那生) 찰나멸(刹那滅)하는 무상한 현상들로서 너무나 빠르게 일어났다가 사라져 간다. 봄이 가니 여름이 오고, 여름이 가니 가을이 오고, 가을이 가니 겨울이 온다는 식의 그러한 느슨한 무상이 아니다.

단 1초에도 수십 번에서 수백 번 이상의 변화를 체험할 때, 생각도 행위도 바뀐다. 책을 읽는 것이나 생각하는 것만으로는 인간이 바뀌지 않는다. 수행과 그것에 의한 체험이 반드시 필요한 이유이다. 중생들은 죽음에 대한 공포와 미래에 대한 불안 때문에 부활과 영생을 꿈꾸고 천국을 바라지만, 그것들은 영원한 것을 집착하는 망상일 뿐이다. 이러한 영원함에 대한 집착〔常執〕을 버릴 때 자아(自我)라는 교만심과 자기 것에 대한 애착심은 사라지게 된다.

무상(無常)한 것을 무상이라고 '있는 그대로' 보지 못하기 때문에 대상에 대해 탐(貪)·진(瞋)·치(癡)로써 반응하면서 집착하게 되는 것이다. 이러한 탐착심들이 있기에 무상을 무상으로 보지 못하고 허무(虛無)로 보게 되는데, 허무는 무상의 병적(病的)인 형태로서 반드시 자기 파괴로 가게 된다. 타락과 좌절과 자학 그리고 광기와 자살 등이 그것이다.

한 번 지나간 시간은 절대로 다시 돌아올 수 없다. 중생들의 현재는 과거로부터 거듭거듭 쌓여온 선업(善業)과 악업(惡業)에 의해 형성되어 나타난 것들이다. 그러므로 그 찰나적 행위에 최선을 다하는 것이 자신의 존재를 최선으로 하는 것이 된다. 악(惡)을 피하는 최고의 기술은 사마타와 위빠사나 수행의 근간이 되는 '사띠의 확립〔正念〕'이다.

위빠사나라는 지혜의 수행이 무르익게 되면, 3~4찰나 동안 '정신과 물질의 일어남-사라짐'이 끝나 버리는 '열반'을 체험하게 된다. 열반은 무루지(無漏智)의 대상으로서, 그 열반 체험의 첫 찰나에서 여러 부류의 성인(聖人)들 각각에 해당되는 번뇌와 업이 제거되는데, 그것을 '도(道)의 지혜(智慧)'라고 하고 '깨달음'이라고 한다. 또한 번뇌와 업이 제거되는 만큼의 해탈을 얻게 된다.

그리고 열반〔寂滅〕의 상태에 있을 때에는 수다원이나 사다함이나 아나함이나 아라한이 서로 다르지 않지만, 적멸에서 깨어나면 수다원·사다함·아나함과 아라한이 다르다. 아라한은 적멸에서 깨어나도 번뇌가 일어나지 않기 때문이다. '생멸이 다한 것'이 아라한의 적멸이고, 탐·진·치심이 일어나지 않고 업을 짓지 않으므로 다음 생부터는 결코 어떠한 몸도 받는 법이 없어 완전한 해탈을 얻게 되는 것이다 〔不受後有〕. 태어남이 없으면, 늙고 병들고 죽게 되는 고통은 영원히 사라진다. 그것이 최상의 행복이다.

붓다의 말씀처럼, 중생들은 생사윤회 속에 얽매여 있으므로, 그들이 느끼는 세속적인 기쁨만을 행복이라고 생각한다. 그래서 그것들을 다 놓아 버린 해탈·열반의 행복을 모른다. 그것이 무명(無明)이고, 고(苦)의 근본원인이다.

불교에서 말하는 고는 고수(苦受)가 아니다. 어떤 느낌을 말하는 게 아니라, 열반을 얻지 못해 해탈에 들지 못하고 '생사윤회하게 되는 삶'을 말하는 것이다. 이러한 고에 대한 자각(自覺)이 고성제(苦聖諦)이다. 고라는 것이 실체가 있는 것이 아니라, 원인과 조건이 모여서 발생하는 것이라는 의미가 집(集)이고, 그것에 대한 자각이 집성제(集聖諦)이다. 고의 원인이 되는 집을 끊어 버린 상태가 열반-해탈 곧 멸성제(滅聖諦)이고, 집을 끊어가는 방법이 붓다의 위대함을 가장 잘 보여주는 도성제(道聖諦)로서의 팔정도(八正道)이다.

세속적 지식은 감각적 쾌락과 그 대상을 추구한다. 세속의 감각적 쾌락에 경도(傾倒)되고 그것을 애착하면 참된 수행을 할 수가 없다. 생사윤회로부터 해탈하는 것이 불교의 목표이자 불교 수행의 목적이다. 이와 같이 불교는 세간의 행복을 넘어 출세간의 행복을 목적으로 하는 가르침이다.

탄생게(誕生偈)

천상천하(天上天下) 유아독존(唯我獨尊)

삼계개고(三界皆苦) 아당안지(我當安之)

천신(天神)들 이상과 천신들 미만의 모든 중생들보다,

오직 무상정등각(無上正等覺)을 얻은 붓다인 내가

가장 존귀하다.

(욕계·색계·무색계의) 삼계는 모두 고통의 세계이므로,

내가 마땅히 그들을 안락[幸福]케 하리라.

이 '탄생게'는 불교의 목적과 붓다가 어떤 분이신지, 그리고 붓다의 생애를 문학적으로 요약해서 잘 보여주고 있다.

천상(天上)은 욕계천(欲界天)과 색계천(色界天) 그리고 무색계천(無色界天)의 천신(天神, 하늘님)들을 일컫는다. 천하(天下)는 천신들 미만의 중생들, 곧 인간·아수라·아귀·축생·지옥의 중생들을 가리킨다.

'유아독존'에서 아(我)는 태자가 이미 붓다가 되신 것처럼 문학적으로 처리한 것인데, 붓다가 어떠한 존재인지를 잘 보여주고 있다. 붓다는 삼계(三界)로부터 영원히 벗어나 다시는 생로병사하는 몸을 받지 않게 되기 때문에 존귀한 분이다. 그리고 스승의 도움이 없이 스스로 깨닫고 동시에 모든 나쁜 습관들을 남김없이 제거하고 알아야 할 모든 법(法)들을 다 아는 일체지(一切智)를 얻은 정등각자(正等覺者)로서, 벽지불(辟支佛)이나 성문제자(聲聞弟子)들과는 다르기 때문에 아주 존귀한 분이다. 또한 10력(十力)·4무외(四無畏)·6불공지(六不共智) 등의 공덕을 구족하신 분으로서, 벽지불이나 아라한이 된 일반제자들과는 달리 많은 중생들을 제도할 수 있기 때문에 세상에서 가장 존귀한 존재인 것이다.

삼계는 욕계·색계·무색계이며, 이 세 가지의 세간에는 행복이 있다 해도 노·병·사가 기다리는 불완전한 행복이 있을 뿐이다. 그래서 삼계는 수명의 한계가 있으며 어차피 생사윤회하는 고통의 세계이다.

"내가 마땅히 그들을 안락케 하리라"라고 선언하신 것은 팔정도(八正道)로써 중생들로 하여금 열반을 체득하게 하여 완전히 해탈케 하겠다는 중생제도에 대한 의지의 표현이다.

다시 전체적으로 살펴보면, '천상천하 유아독존'은 무상정등각(無上正等覺)을 증득하여 완전한 해탈을 성취하신 분이 붓다로서 세상에서 가장 존귀한 존재이며, 불교의 목적이 열반을 증득하여 윤회로부터 해탈에 있음을 보이면서, 그렇게 되기 위해서는 큰 깨달음, 곧 대지혜를 얻어야 함을 나타내고 있다. '삼계개고 아당안지'는 삼계는 고통의 세계이므로 붓다가 중생들을 외면하지 않고 윤회의 고통으로부터 해탈케 한다는 중생 구제의 대자비를 보여 주고 있다. 다시 말해, 대지혜를 얻어 붓다가 되는 이유가 중생구제의 대자비행을 실천하기 위한 것에 있다는 것이다.

요약하자면, 붓다의 중요한 덕목이 대지혜와 대자비이며, 그러므로 "참다운 불자(佛子)는 지혜를 성취하고 자비를 실천해야 한다"는 메시지를 전하면서, 지혜와 자비가 진정한 행복임을 강조하고 있는 것이다.

붓다의 마지막 유훈

붓다께서 반열반(般涅槃)을 앞두고 500명의 비구들에게
당부하신 마지막 유훈의 내용은 다음과 같다.

인연(因緣)에 의해 형성된 것들은 소멸하기 마련인 법이
다. 불방일(不放逸)을 통해서 해야 할 바를 모두 성취하도
록 하라.

모든 것은 사라지고 소멸할 수밖에 없다. 영원히 그대로
있을 수 있는 것은 아무것도 없다. 세월은 너무나 빠르게 흘
러간다. 태어난 것은 반드시 죽기 마련이다. 다음 생은 믿을

만한 것이 못 되기에, 바로 지금 여기에서 확실하게 붓다의 정법을 만났을 때, 사마타와 위빠사나 수행의 근간이 되는 사띠(sati)를 확립하여 깊은 삼매와 도(道)와 과(果) 그리고 열반을 성취하여 완전한 해탈을 얻는 일에 게으르지 말라는 간곡한 당부의 말씀이다. 세간(世間)의 공부는 영원히 살 것처럼 해야 하겠지만, 출세간(出世間)의 수행은 내일 죽을 것처럼 치열하게 정진해야 한다는 간곡한 훈계(訓戒)이다.

여기에서 '해야 할 바'는 보시와 지계 그리고 수행이 되겠지만, 해탈을 지향하는 불교로서는 무게 중심이 수행에 기운다. 붓다께서 반열반을 앞두고 45년 동안의 가르침을 '불방일'이라는 한 단어에 담아 주셨다. 경전에도 "선법(善法)들은 모두 불방일을 뿌리로 한다"고 나온다.

불방일은 선심(善心)을 일으키고자 고무하는 정진의 마음과 선업(善業)을 일으키는 가장 강력한 원인이 되는 무탐(無貪)·무진(無瞋)·무치(無癡)의 삼선근(三善根)에서 형성된다. 특히 악(惡)을 막고 선(善)을 닦는 마음작용으로서, 일체의 세간과 출세간의 선(善)을 완성하는 작용이 있다.

붓다의 마지막 유훈의 내용처럼 진정한 불자라면, 승속을 막론하고 보시와 지계 그리고 수행하는 데 방일하지 않아서, 반드시 열반을 얻고 해탈을 실현해야만 할 것이다.

붓다께서는 나무 밑에서 태어나셔서, 나무 밑에서 수행하시고, 나무 밑에서 깨달으셨으며, 나무 밑에서 설법하시다가, 나무 밑에서 돌아가셨다. 또 붓다께서는 길에서 태어나시고, 길에서 수행하시고, 길에서 깨달으셨으며, 길에서 설법하셨고, 길에서 돌아가셨다.

이러한 붓다의 삶은 바로 그대로 모든 중생들에게 시원한 나무 그늘이었고, 모든 중생들에게 남김없이 보여주신 최상의 행복으로 가는 길이었다. 그분은 그렇게 오셨다가, 그렇게 사시다가, 그렇게 가셨다.

에필로그

이 책을 쓰게 된 계기 1

이 땅에 태어나 오랫동안 이 나라의 여러 절을 전전하며 먹고 자고 공부도 하면서, 고뇌도 많이 했다. 이곳저곳으로 다니며 이런저런 일들을 겪으면서 보고 듣고 배우는 가운데 많은 생각도 했다. 대학원에 입학해서도 여러 해를 절에서 숙식을 해결하면서 학교에 다녔고, 그동안 승가와 세속의 문제도 많이 알게 되었다. 우리나라에서는 철학과 심리학 그리고 불교학을 공부해 왔고, 10여 년 전부터는 매년 겨울이 되면 남방으로 다니면서 위빠사나와 사마타 수행 그리고 남방 상좌부의 교학도 공부해 오고 있다.

나는 재주가 없어서 지금까지 많은 것을 터득하지는 못

했지만, 이제부터는 사람의 몸을 받은 한 존재로서 밥값을 하고 싶고, 이 나라에 태어난 한 사람의 국민으로서 국가의 미래에 조금이나마 보탬이 되고 싶으며, 불교를 공부하고 수행을 하는 한 사람의 불자로서 이 세상에 불교의 바른 법을 펴는 데 나름의 역할을 하고 싶다. 나아가 인류의 한 구성원으로서 손톱만큼이라도 인류에 기여하는 일을 하고 싶다. 누가 웃더라도 나는 그렇게 살 것이다.

또 앞으로는 불교와 인연을 맺은 많은 불자들이 바른 불자가 되는 데 큰 도움이 되고, 부모형제 떠나 붓다의 법을 공부하는 스님들에게는 출가의 의미를 바르게 이해하고 출세간의 가치를 찾는 데 보탬이 될 수 있도록 힘껏 노력하면서, 이 세상에 위대한 붓다의 법이 오래 머물 수 있도록 크게 힘을 쓸 것이다.

그리하여 나의 밥값과 국가에 대한 조그마한 보탬과 불교계에 나름의 역할과 인류에 적으나마 기여를 하기 위해 그 출발선상에서 먼저 이 책을 쓰게 되었다. 많은 분들의 힘을 빌려 쓰게 된 이 글들이 많은 사람들에게 도움이 되고 붓다의 고귀한 가르침을 펴는 데 밑거름이 된다면 더 이상 바랄 것이 없겠다.

이 책을 쓰게 된 계기 2

　이십 수년 전 나는 서울 외곽의 어느 절에서 숙식을 하며 대학원에 다녔는데, 그 절은 마당이 넓고 건물도 여러 동인 꽤 큰 절이었다. 그 절에서는 매년 초파일을 며칠 앞두고 연중행사처럼 벌어지던 일이 있었다. 초파일 행사를 위해 여러 날 전부터 절에서 일하시던 분들과 나는 며칠간 힘들여 연등 줄을 설치하고 연등을 달아 두는데, 초파일로부터 하루나 이틀 전 아침에 일어나 보면 하룻밤 사이에 전기가 통하던 그 등줄들이 싹둑싹둑 잘려져 있고, 대웅전의 자물쇠는 뜯겨나가고, 법당 내부가 집기들로 널브러져 있으며, 목탁은 사라졌는데 찾아보면 해우소〔변소〕에 부숴져 있었다.

천불전의 불상들에는 스프레이가 흉측하게 뿌려져 있었고, 산신각의 제기(祭器)들은 온 산 여기저기에 버려져 있었으며, 일주문에서 절로 올라오는 축대의 양 벽면에는 스프레이로'개종자 생일날'이라고 큰 글씨를 새겨두며, 절 안내판에도 그 문구가 쓰여져 있었다. 어떤 종교를 믿는 그 누구의 소행이겠는가?

평소에도 나이가 좀 들어 보이는 여자 한 사람과 삼십대로 보이는 청년 한 사람이 수시로 절에 와서 대웅전을 손가락으로 가리키며 "사탄의 마왕"이라고 하고, 스님들이나 내게 "빨리 예수 믿고 천당 가라"고 큰 소리로 외쳐댔다. 그 당시 성격이 좀 급했던 어떤 스님은 참다 못해 그 젊은 친구와 주먹질도 오갔는데, 내가 말리고는 했다. 아마도 전국적으로 불상이나 불탑 훼손 등 이와 유사한 사건들이 수도 없었을 것이다.

누가 그들에게 그런 짓을 하도록 그 모양으로 만들었는가? 지금까지 불자들은 교회나 이웃종교 신자들을 향해 붓다를 믿으라며 외친 적도 없고, 교회에다 담배꽁초 하나 던진 적이 없는데, 이 무슨 짓들인가? 지금 예수님이 이 땅에 살고 계신다면, 과연 저들처럼 저 모양이 되도록 가르침을 폈을까? 종교를 떠나 인간이라면 이런 생각들을 한 번쯤이라도 해볼 일이다.

스님들과 나한테 예수 믿고 천당 가라던 그 사람들이 이미 죽었거나 장차 죽는다면, 그들은 과연 그런 맹신적인 충성(?)으로 천당에 갔거나 갈 수가 있을까? 천당도 죽어서나 가고 싶은 것이지 육체적으로 정신적으로 심한 병자(病者)가 아니고서야 지금 당장 가라고 하면 갈 사람이 누가 있겠는가? 신부님이든 목사님이든 광신도이든 교통사고가 나면 빨리 병원으로 가지 곧바로 천당으로 가고 싶어 하지 않는다. 천당에 대한 확신도 자신감도 없는 것이며, 막연한 믿음 이상의 것이 못 되기 때문이다. 그런 믿음을 남들에게 점잖게 권하는 것은 몰라도, 다른 종교의 전당에까지 와서 강요를 하는 것은 양식에도 어긋나는 일이다.

아무리 천국에 가고 싶고 지금의 믿음으로 행복하다 하더라도, 그것이 어리석은 믿음이어서는 곤란하다. 어리석음은 결코 어리석음으로 끝나지 않고, 어리석은 행동으로 이어져 많은 사람들이 피해를 보게 된다. 인류의 역사가 그것을 잘 증명해 주고 있다.

다른 종교에 대해서 그렇게 배타적이고 증오심을 내고

폭력적이면서 무슨 '이웃 사랑'이나 '원수 사랑'을 애기 하는가? 과연 그들은 진리를 찾는 것인가, 쉽게 위안거리를 구하는 것인가? 그래서 나는 이 세상에 왔다 가신 예수님의 진정한 메시지가 무엇인지를 생각해 본다.

내가 평소에 기독교에 대해 가지고 있던 몇 가지의 생각들을 몇 개의 글들 사이사이에 정리해 봤다. 또한 기독교의 바른 신앙에 대한 나의 생각도 조금 적어 두었다. 어떤 종교에라도 갇히게 되면 끝이다. 세뇌(洗腦)는 활발발한 정신의 죽음이다. 인간을 위해 종교가 있는 것이지, 종교를 위해 인간이 있는 것은 아니다. 종교가 인간 위에 군림해서는 안 된다.

진리는 다수결로 정해지는 것이 아니다. 불교가 그래도 점잖은 종교이기 때문에 우리나라에서는 아직 종교 분쟁과 같은 문제가 생기지 않았던 것이다. 서로를 위해서라도 이런 일들이 계속 이어지면 안 된다.

- 계(戒)―마음과 몸을 조절하는 것, 곧 마음과 몸에 좋은 습관이 붙도록 하는 일상생활의 규칙(규정, 규율: 준수사항 내지 금지사항)이다. 깨달음에 방해가 되는 행위를 하지 않아 악(惡)을 멈추게 하는 것이다.

- 마음장상(馬陰藏相)―글의 내용으로 본다면 '말의 음경이 작아져서 감추어진 모습'이라는 의미이다. 즉 욕망이 사라지면 그곳에 필요했던 신체적 부위도 퇴화한다는 말이다. 따라서 성욕이 완전히 사라져 윤회의 뿌리를 끊은 성자의 생식기는 상징적 흔적으로만 남아 있게 된다.

- 무루(無漏)―무지와 욕망 등의 번뇌가 수반되지 않는 것.

- 무아(無我)―'나(我)'라는 것은 오온에 대한 임시적 명칭이나 지칭일 뿐으로 그것에 독자적으로 존속하는 실체〔영혼〕도 없고 영속하는 고정불변의 경계나 틀도 없다. 다만 여러 원인과 조건으로 형성

되어 찰나찰나에 생멸을 거듭하는 물질과 마음의 연기적 흐름만 있을 뿐이다.

- 반열반(般涅槃)—마음과 몸이 함께 열반[입적]에 든 붓다의 죽음을 가리키며, '완전한 열반'이라는 말이다.

- 백골관(白骨觀)—일어난 것은 모두가 소멸하는 무상한 것이므로 집착할 것이 못 된다. 특히 애욕에 의한 집착을 다스리기 위해 사람의 육체가 썩어 변해가는 과정을 관찰하는 수행의 한 방법이다.

- 법신불(法身佛)—붓다를 바라보는 불타관(佛陀觀)에서 생겨나 의인화된 용어로서 우리 곁에 오셨던 육신불(肉身佛)과 상대되는 개념으로 깨달은 진리 그 자체로서의 붓다를 의미한다.

- 사띠(sati, 念)—'바로 하나 전 찰나의 기억'을 말하며, 그것을 확립하고 챙겨가며 관찰하는 것을 염처(念處)라고 하는데, 사마타 수행과 위빠사나 수행의 바탕이 된다.

- 사마타(Samatha)—'고요함'이라는 뜻이다. "마음이 하나의 대상에 집중되어 불건전한 상태[不善法]가 가라앉고 그친다"는 의미에서 지(止)라고 번역했다. 마음이 만든 물질인 영상(nimitta)에 집중하여 삼매[定]를 얻는 수행방법이다.

- 사무애해(四無碍解)—분명하게 구분해서 아는 네 가지의 분석적인 통찰지이다.

- 사무외(四無畏)—다른 사람들의 어떠한 질문이나 논란에 대해서도 두려워하지 않는 4가지의 담대함을 말한다.

- 사성제(四聖諦)—고(苦, 불만족·괴로움·고통)·집(集, 괴로움의 발생)·멸(滅, 괴로움의 소멸)·도(道, 괴로움을 소멸시키는 방법)로서 번뇌가 있는 세간의 삼계를 넘어선 출세간의 경지를 가리키는데, 그것이 성스러운 진리라는 말이다.

- 삼계(三界)—(1)욕계: 욕망과 물질과 정신이 모두 있는 세계. (2)색계: 욕망은 잠재웠으나 물질과 정신이 남아 있는 세계. (3)무색계: 물질까지 벗어나 정신만이 남아 있는 세계.

- 삼학(三學)—계학(戒學)과 정학(定學) 그리고 혜학(慧學)을 말한다.

- 십력(十力)—여래만이 갖추고 있는 이치에 맞고 맞지 않음을 분별하는 열 가지 지혜의 능력이다.

- 알라야식—심층적인 마음으로 '모든 업력들을 갈무리 하고 있는 마음'이라는 의미를 가지고 있다.

- 업(業)—몸과 마음의 의도적 행위를 말한다.

- 열반(涅槃)—'멸도·적멸·적정'이라 번역했다. '(불을) 불어서 끈 상태'라는 뜻이다. (바람을) 불어서 불을 끄듯이 탐진치 등의 번뇌가 소멸된 상태를 말한다. 수행상으로는 정신과 물질이 사라지면서 정신과 물질로부터 벗어난 정신적 상태의 경지로서 (무루)반야의 대상

이 되며, 이것을 체득하면 번뇌들을 제거하는 힘이 생겨난다.

• 오개(五蓋)―수행을 방해하는 다섯 가지 장애로서, 감각적 욕망·악의(惡意)·혼면(昏眠)[침울과 졸음]·도거[들뜸과 후회]·회의적 의심을 말한다.

• 오력(五力)―믿음[信]·정진(精進)·염(念)·정(定)·혜(慧)의 다섯 가지 수행 항목을 가리키며 깨달음으로 향하기 위한 정신적 능력을 말한다.

• 오온(五蘊)― 인간을 구성하는 다섯 가지 요소로서 색[물질, 몸]·수[느낌]·상[표상, 개념]·행[의지, 충동]·식[인식, 식별]의 모임·무더기·집합[積集]을 말한다. '온'은 그때그때의 '경험의 구체성 일반'을 뜻한다.

• 위빠사나(vipassanā)―'분리해서(vi-) 봄·관찰(passanā)'이라는 뜻에서 관(觀)으로 번역했다. 대충 뭉뚱그려 보는 게 아니라, '잘 나누어 구별해서 꿰뚫어 본다[통찰]'는 의미이다. 대상을 무상·고·무아라고 통찰하는 반야[지혜]를 얻는 수행방법이다. 여기서 수행의 대상은 '나'자신을 해체한 오온 곧 4념처이다.

사마타 수행만으로는 탐진치가 삼매의 '고요함'에 눌려 잠복되어 있는 상태여서 출정(出定)하면 다시 번뇌들이 일어난다.

위빠사나 수행은 무루의 반야를 성취하여 열반을 증득하고 번뇌를 소멸시켜 가는 수행방법이다. 무상·고·무아는 열반을 체득하고 해탈로 가는 세 가지 관문이다. 사마타와 위빠사나 수행의 바탕은 사띠(念)이며, 사띠가 없이는 지(止)수행도 관(觀)수행도 불가능하다. 위빠사나 수행에서 관찰의 대상은 '나' 자신〔오온〕이다. 곧 '나' 자신을 4념처로 해체해서 거기에서 매순간 일어났다가 사라지는 생멸을 놓치지 않고 알아차림하고, 그것들이 모두 무상·고·무아라고 있는 그대로의 진실을 통찰하는 수행이다. 그리하여 '나(我)'(몸과 마음)에 대한 관념과 집착이 떨어져 나가고, 괴로움의 원인인 무지와 갈애 등의 번뇌들이 소멸해 간다.

- 유루(有漏)—무지와 욕망 등의 번뇌가 수반되는 것.

- 육내입처(六內入處)—대상을 감각하거나 의식하는 안(眼)·이(耳)·비(鼻)·설(舌)·신(身)·의(意)의 6근(根) 또는 그 작용을 말한다.

- 육도(六道)— 윤회를 통해 삼계(三界) 육도(六道)의 수많은 세계를 경험하게 되는데, 육도는 천신·인간·아수라·아귀·축생·지옥의 세계를 말한다.

- 육불공지(六不共智) — 오직 붓다에게만 있는 여섯 가지의 지혜를 말한다.

- 윤회(輪廻) — 중생의 세계는 다만 업의 유전 상속일 뿐이다. 중생계는 죽음으로 끝나지 않고 또 다른 탄생으로 이어진다. 이와 같이 죽

음과 탄생의 끊임 없는 순환을 '윤회'라고 한다.

• 일체지(一切智)— 모든 것을 다 아는 붓다의 지혜를 말한다.

• 집(集)— 사물이 모여서 일어나는 원인·이유[集起, 起因]를 뜻한다.
고(苦)의 원인이 되는 것은 번뇌와 업이다.

• 출세간(出世間)—번뇌와 업력에 의해 생사윤회에 허덕이는 세간의 3
계를 초월한 무루의 세계[깨달음의 세계]를 말한다.

• 플라시보 효과(Placebo effect)—약효가 전혀 없는 가짜 약을 진짜 약
으로 가장하여 환자에게 복용토록 했을 때에도 환자의 심리적인 믿
음을 통해 치료 효과가 나타나는 현상을 말한다[僞藥效果]. 특히 정
신적인 질병의 경우에 효과가 현저하다.

• 피그말리온 효과(Pygmalion effect)—누군가에 대한 사람들의 믿음이
나 기대 또는 예측이 그 대상에게 그대로 실현되는 경향을 말한다.
자기 충족적인 예언이라고도 한다.